上海市教育科学研究院智库丛书

家长参与学校治理

刘　静◎著

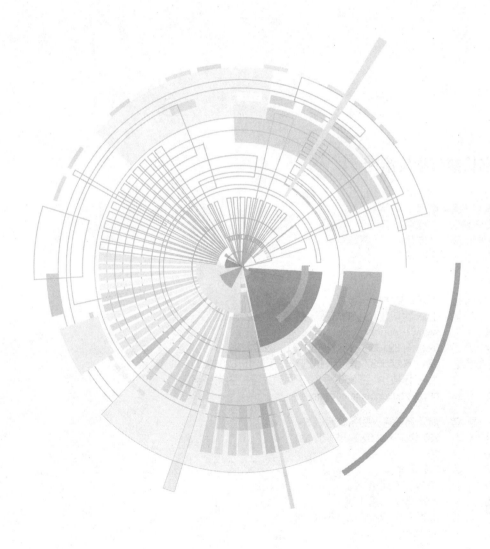

华东师范大学出版社

·上海·

图书在版编目(CIP)数据

家长参与学校治理/刘静著. —上海:华东师范
大学出版社,2024. —(上海市教育科学研究院智库丛
书). —ISBN 978 - 7 - 5760 - 5220 - 6

Ⅰ. G47

中国国家版本馆 CIP 数据核字第 2024PY0760 号

家长参与学校治理

著　　者　刘　静
策划编辑　彭呈军
责任编辑　白锋宇
特约审读　陈成江
责任校对　王丽平
装帧设计　卢晓红

出版发行　华东师范大学出版社
社　　址　上海市中山北路 3663 号　邮编 200062
网　　址　www. ecnupress. com. cn
电　　话　021 - 60821666　行政传真 021 - 62572105
客服电话　021 - 62865537　门市(邮购)电话 021 - 62869887
地　　址　上海市中山北路 3663 号华东师范大学校内先锋路口
网　　店　http://hdsdcbs. tmall. com

印　刷　者　浙江临安曙光印务有限公司
开　　本　787 毫米×1092 毫米　1/16
印　　张　10.75
字　　数　227 千字
版　　次　2024 年 7 月第 1 版
印　　次　2024 年 7 月第 1 次
书　　号　ISBN 978 - 7 - 5760 - 5220 - 6
定　　价　58.00 元

出版人　王　焰

本书为上海市教育科学研究项目"教育治理现代化视域下家长参与学校教育的实践研究"(项目编号:C18107)的研究成果

教育是国之大计、党之大计。我国已建成世界上规模最大的教育体系,教育现代化发展总体水平跨入世界中上国家行列。到 2035 年建成教育强国,是党的二十大报告做出的战略部署。2023 年 5 月 29 日,习近平总书记在中共中央政治局第五次集体学习时发表重要讲话,强调:"我们要建设的教育强国,是中国特色社会主义教育强国,必须以坚持党对教育事业的全面领导为根本保证,以立德树人为根本任务,以为党育人、为国育才为根本目标,以服务中华民族伟大复兴为重要使命,以教育理念、体系、制度、内容、方法、治理现代化为基本路径,以支撑引领中国式现代化为核心功能,最终是办好人民满意的教育。"

在我国加快教育现代化和建设教育强国的进程中,教育智库通过高水平的决策咨询研究、成果转化与传播为教育科学决策和精准施策提供支撑,使命光荣、责任重大。上海市教育科学研究院(以下简称上海市教科院)成立于 1995 年,是主要从事教育科学、人力资源开发和社会发展的专业研究和决策咨询机构,致力于打造全国领先、国际一流的教育智库。当前,上海市教科院已成为上海市重点智库,是教育经济宏观政策研究院共建单位、首批教育部哲学社会科学实验室"教育大数据与教育决策实验室"共建单位,设有博士后科研工作站。

上海市教科院坚持和加强党的全面领导,以"服务教育决策、关注教育民生、引领教育发展"为宗旨,主动对接国家战略和上海市重大需求,推进高质量科研体系建设,形成了有组织科研新局面,产生了一批高水平研究新成果,推动智库建设不断迈上新台阶。上海市教科院牵头研发了国家教育科学决策服务系统、"双一流"监测数据管理系统等,深度参与国家"双一流"建设总结,承担《中国教育现代化 2035》前期研究任务,持续完成《全国教育事业发展简明统计分析》《中国教育经费统计年鉴》《中国高等职业教育质量年度报告》《全国职业院校评估报告》,承研长三角教育现代化指标体系、海南国际教育创新岛建设实施方案、"三区三州"地区教育支持项目等。同时,全面对接上海教育综合改革需求,集中力量开展《上海教育现代化 2035》《上海市教育发展"十四五"规划》及多项专项规划、上海教育现代化监测评估、高校二维分类发展、"新优质学校"推进、PISA 测试研究、上海高校思政教育课程体系建设等重大项目。

近年来,围绕教育强国建设与上海教育高质量发展,上海市教科院强化决策咨询优势,全面推进"两委"内涵建设项目,着力加快推进"教育大数据与教育决策实验室"建设,深入开展高校毕业生就业状况监测评价与就业指导服务体系研究,持续深化长三角教育现代化监测评估,扎实推进"大思政课"建设综合改革试验区工作,深化落实上海市中小学生心理关爱系统建设,全面实施上海市高水平地方高校动态监测和跟踪研究。"十四五"以来,上海市教科院的教育智库研究特色优势不断巩固,以定量分析为基础的决策咨询服务比较优势更加彰显,各类规划项目立项成绩斐然,研究成果获奖数量与层次创历史新高。

面对未来人口与学龄人口变化、新一轮科技革命和产业变革、人民群众对教育的新期待,作为教育智库,上海市教科院迫切需要深刻把握教育的政治属性、战略属性和民生属性,围绕教育、科技、人才三位一体发展要求,有效整合教育内外相关数据信息,充分利用先进技术和智能化手段,加快转变研究范式,推动教育大数据应用于教育决策研究,提升大数据在教育决策中运用的准确性和有效性。只有善于科学运用大数据进行研究分析,才能提高教育决策咨询研究成果的质量,更好地助力教育决策科学化水平提升。

"上海市教育科学研究院智库丛书"旨在围绕国家战略,聚焦教育强国建设重大问题、上海教育高质量发展热点难点问题,系统梳理政策,深入调查现状,开展基于数据的实证分析,提出对策建议以及展望未来图景,搭建智库研究成果展示传播平台,更好地服务教育决策,扩大学术影响力、社会影响力,积极构建数据驱动的教育研究范式,加快建设成为与具有世界影响力的社会主义现代化国际大都市相匹配的一流教育智库,在服务教育强国建设中作出上海的贡献。

在"上海市教育科学研究院智库丛书"即将与广大读者见面之际,在此对所有参与编写、编辑和出版的同仁表示最诚挚的感谢。你们的辛勤工作和无私奉献,使这套丛书得以顺利面世。同时,对每一位教科人和读者表达敬意,是你们的关注和支持,才让教育科学研究的成果能够转化为推动社会发展的强大动力。期待丛书的出版成为桥梁和纽带,连接理论研究与实践操作,促进教育研究界与政策制定者之间的对话与合作;成为教育领域的一份宝贵财富,照亮未来前行的道路,引领我们走向更加广阔的未来。相信随着丛书的陆续推出,我们能够集聚更多的智慧,为建设教育强国贡献力量。愿教育科学研究工作者都能成为这场伟大事业的参与者和见证者,共同书写教育强国的辉煌篇章。

上海市教育科学研究院院长、研究员

教育经济宏观政策研究院常务副院长

教育部"教育大数据与教育决策实验室"主任

2024 年 6 月

目录

前言　现代学校治理视角下家长参与学校教育

家庭是孩子的天堂,父母是孩子的摇篮,家庭教育是学校教育的基础。家庭与学校就像一个同心圆,孩子是圆心,家庭与学校教育对孩子的影响力是重叠的。苏霍姆林斯基说:"教育的效果取决于学校和家庭的教育影响的一致性。如果没有这种一致性,那么学校的教学和教育过程就会像纸做的房子一样倒塌下来。"①学校必须与家庭紧密结合在一起,才能充分发挥教育的功效。

随着社会的进步、开放以及教育民主化趋势的加强,家长走入校园、参与学校教育不仅是家长作为社会公民的权利,更是家长应该承担的责任与义务。放眼世界各国,家长参与学校教育已成为必然的趋势。家长参与学校教育的意识逐渐觉醒,而家长参与学校教育,不再是家委会成员的"特权"或是少数热心家长的事务;家长对学校决策与管理以及教育教学工作的参与,已经从传统配合者的角色转变为主动的参与者。

中国式治理现代化背景下,家长参与学校治理是我国教育治理现代化的重要议题之一,是现代学校治理结构转型的应有之义。学校治理现代化,是新时代我国教育改革发展的重大课题,也是学校发展到现阶段的必由之路。② 中共中央、国务院颁发的《中国教育现代化2035》提出,"推进教育治理体系和治理能力现代化,……提高学校自主管理能力,完善学校治理结构",是面向教育现代化的十大战略任务之一。在教育治理现代化视域下,未成年人教育是一项系统工程,单靠政府与学校的力量是不足的,更需要社会多元主体,尤其是家庭的参与。家长作为治理主体依法参与学校教育治理,与学校形成合作共育的紧密关系,是教育治理现代化的基本要求和重要特征。

现代学校治理视角下,政府、社会、学校和家长均是学校教育的"利益相关者",各自负有不同的教育责任。家长和学校不再是一种管理与被管理的关系,而是一种合作共治、共建共享的新型伙伴关系。同时,随着家长对优质教育和教育公平的诉求不断提高,其要求参与学校治理的意识与诉求日益高涨。学校为家长参与学校治理提供必要的条件,让家长全面参与学校教育,与学校教育者携手为学生创造更优质的教育,是回应家长诉求、办人民满意的教育的紧迫需要。

---

① B. A. 苏霍姆林斯基. 给教师的建议(修订版全一册)[M]. 杜殿坤,译. 北京:教育科学出版社,1984:530.
② 郑金洲. 学校治理现代化:意义探寻与实践推进[J]. 河北师范大学学报(教育科学版),2021(1).

以往关于"家长参与学校教育"的研究多是从家校合作的视角,或者是从把家长作为一种"教育资源"的角度展开的,如有研究者认为家长参与学校教育就是指对学生产生影响最大的两个社会机构——家庭和学校——形成合力对学生进行教育,使学校在教育学生时得到更多来自家庭的支持,同时家长在教育孩子时得到更多来自学校的指导。① 本书所探讨的"家长参与学校治理",是指家长作为学校教育治理主体之一,按照相关法律以及学校规章,主动参与学校教育的各项事务,与学校共同协商,共担责任,合作共育,共同促进学校教育质量提升,促进学生全面健康发展。这一视角让家长参与学校教育这一"传统主题"具有了新的内涵与新的意义。

本书在深入探讨"家长参与学校治理"内涵、要义的基础上,从上海市中小学、幼儿园家长参与学校教育的现状分析入手,探索现代学校治理架构下,上海市中小学、幼儿园家长作为学校治理主体参与学校教育的角色定位、参与领域、参与路径以及相应的体制与机制建设等,以期为教育行政部门制定相关政策提供研究基础。具体而言,本书提出了有关家长参与学校治理的机制建设、参与路径等方面的操作性建议,主要涉及:加强相关法治建设,厘清家长参与学校治理的内容与边界;优化学校治理结构,完善家长参与学校治理的体制机制;鼓励与支持多样化校本研修,提高教师专业素养;深入开展家长参与学校治理的校本实践研究,不断提升家长参与学校治理的质量等。这些建议可为教育行政部门制定相关政策提供参考,为广大中小学、幼儿园引导家长参与学校教育治理提供可操作性强的规程和方法。本书部分研究成果得到参与项目研究的50余所中小学学校和幼儿园的认可,这些学校在家长参与学校治理方面形成了一些具有创新性和典型性的做法。

家长参与学校治理是教育综合改革发展的趋势,也是学校改革的必然要求。深入探索现代学校治理视角下家长参与学校教育的实施路径,促进家长深度参与学校治理,既顺应了教育综合改革发展的趋势,也是促进学校治理现代化的必然要求。希望本书能够为家长参与学校教育治理这一重要议题的研究提供新的视角,为推动家长参与学校治理实践提供一些研究经验。

---

① 马忠虎. 基础教育新概念:家校合作[M]. 北京:教育科学出版社,1999:141.

第一章

家长参与学校治理的理论内涵

现代学校治理视角下，家长作为治理主体之一，拥有对学校教育的知情权、决策权、监督权和评价权等在内的基本权利。家长以多重角色参与学校治理，如决策者、监督者、建议者、合作者、志愿者、学习者等。基于家长并非专业的教育者，家长参与学校治理本质上是一种学校导向型参与，在大多数情况下家长需要在学校教育者的专业指导下参与学校的各项事务。

学校治理现代化是教育治理现代化的重要议题之一。家长参与学校治理是现代学校治理结构转型的应有之义。现代学校治理视角下，家长不仅是孩子的养育者和教育者，也是学校教育的参与者。深入探索现代学校治理视角下家长参与学校教育的理论内涵与实施路径，促进家长的有效参与，既顺应了当前教育综合改革发展的趋势，也是学校治理结构改革的必然要求。

一、家长参与意识的觉醒与学校变革

随着时代的发展和教育民主化进程的加快，家长作为学校治理主体之一参与学校教育的意识逐渐觉醒，意愿逐渐增强，学校必须为家长提供不同于传统的家长参与学校的方式。联合国教科文组织在《学会生存——教育世界的今天和明天》中指出，"我们应该使教育管理民主化，而一般公众在教育决策中应该发挥巨大的作用，保证人们能够充分行使他们在教育上的民主权利，这也意味着保证他们有权参加教育机构的管理和教育政策的制定"。[①] 家长在子女学校教育过程中扮演的角色具有历史性，随着社会变迁而不断变化。近年来，随着我国社会经济的高速发展、生活水平的改善，家长对子女的期待不断提高，同时越来越多的家长开始关心学校是否能够为自己的子女提供让自己"满意的教育"。基于此，家长参与学校教育的愿望逐渐增强，他们已经不满足于"被动"地接受学校的各种"指令"，而是渴望成为学校真正的教育伙伴，希望拥有子女学校教育的"话语权"，他们希望更多地了解、介入学校事务，尤其是参与学校管理、决策、监督的要求日益强烈。在越来越多的家长心目中，自己应该由学校过去的"旁观者"的角色转变成学校的"合伙人"；对于学校的事务，家长不应被"事后告知"，而应该"主动参与"，甚至包括参与学校的教育决策。因此，在新的形势下，学校必须探索家长参与学校治理的新路径、新方式，以回应和满足家长参与学校教育的新诉求。

---

① 联合国教科文组织国际教育发展委员会.学会生存——教育世界的今天和明天[M].华东师范大学比较教育研究所,译.北京:教育科学出版社,1996:108,277.

首先,家长参与学校治理是有效保障家长参与学校教育权利、保障公民参与权的必然要求。

教育作为准公共产品,具有促进公共利益和个体利益增长的双重属性。无论是从教育作为公共产品还是作为私人产品的角度,家长均有权参与关系其子女发展的教育事务,拥有包括知情权、决策权、监督权和评价权等在内的基本权利。《中华人民共和国教育法》规定:"企业事业组织、社会团体及其他社会组织和个人,可以通过适当形式,支持学校的建设,参与学校管理。"教育部2012年印发的《依法治校——建设现代学校制度实施纲要》明确规定,要保障家长对学校办学活动和管理行为的知情权、参与权和监督权。这些政策文件为推进家长参与学校教育,提供了政策与法律保障。家长参与学校治理是教育民主化发展对学校的必然要求,也是家长实现自身参与学校教育权利的应然要求。因此,学校探索家长参与路径,保障家长权利,应是新时代学校治理改革的重要内容。"从道德责任转向法律权利,这是我国中小学家长参与学校教育的必然发展趋势。现代学校治理视角下,家长作为治理主体之一,有参与学校教育的权利。"①

其次,家长参与学校治理在提高学校效能、促进学校治理现代化过程中发挥着重要作用,是促进家校合作,推动学校教育高质量发展的重要举措。

在现代学校治理背景下,教育只靠政府与学校的力量是不够的,需要社会多元主体的参与。研究与实践证明,家长适当地,合理、合法、合情地参与学校教育,可以促进学校与家庭的合作关系,有助于增进双方的相互理解与支持,因而有利于学校政策的推动,有利于学校改革方案的顺利实施。具体而言,家长的参与可以丰富学校教育资源,让学校获得更多的社会支持;家长积极地参与课程教学相关活动,能够有效地协助教师提升教学质量,增进学生的学习质量,促进学生品德、情感方面的健康成长。家长参与教育活动,有利于学校教育者对不同文化背景家庭的深入了解,明白其需求与目标,进而提供更适合的服务。家长的建言可以及时纠正学校不适合的举措,进而提高学校的教育质量。就家长而言,通过参与学校事务可以增加他们与学校沟通的机会,更全面地了解孩子在学校的学习状况,与老师的关系也会更为融洽。

相应地,实践经验也说明,如果家长不能合理、合法、合情地参与学校教育,非但不能促进家校的合作与理解,甚至会制造家校之间的误解与冲突,从而会影响学校正常的教学秩序,不利于学校教育教学活动的正常开展。

再次,当前我国家长参与学校治理的意识逐渐增强,学校也日益重视,但总体上参与程度依然处于较低层次,尚需在各个层面进行探索实践。

当今学校与家长合作已成为许多国家和地区学校教育改革的重要议题,世界各国,尤其是教育发达国家都将促进家长参与、积极开展学校与家长的合作作为国家教育改革的重要组成

---

① 黎平辉,邓秀平. 从个体伦理责任的践行到公民权利的苏醒与均衡——对社会转型期我国中小学家长参与学校教育的思考[J]. 当代教育科学,2012(22).

部分。党的十八届三中全会以来,以推进国家治理体系和治理能力现代化为全面深化改革的总指导方针,深化教育领域综合改革,完善教育治理结构,实现教育治理现代化成为大家关注的一个焦点。学校治理现代化在各个层面上快速推进,家长参与学校治理成为其中的一个热点领域,逐渐受到研究者的关注。

上海近年来在推进家校合作方面取得了丰硕的成绩,在全国具有较大的影响力和示范性。随着上海市教委推进学校治理现代化力度的增大,部分区域学校开始进行现代学校治理视角下家长参与学校教育的改革与实验。如虹口区率先进行区域推进现代学校制度建设的探索,把推进学校、家庭、社会"三位一体"的法治合力作为现代学校制度探索的重要内容,每所学校都有自己的章程,大多数中小学通过修订学校章程,对家长参与学校教育教学的范围和程度做出了具体规定,使家长参与学校教育活动变得有规可依、有章可循;浦东新区2014年区域教育改革项目组,在完善教育公共治理格局的背景下,着力开展家校社合力育人制度的研究与建设,并在全区进行试点。上海市教委德育处组织的家庭教育工作示范校评估,也大大推动了全市中小学与幼儿园的家庭教育工作,提升了学校对家长参与学校教育的多角度认识。

英国学者摩根等人依据家长参与的层次将家长参与学校教育的方式分为三类:(1)低层次的参与,参与方式包括访问学校、参加家长会、开放日、学生作业展览等活动;(2)中层次的参与,参与方式包括经常性的家访、家长参与课堂教学和课外活动、帮助制作教具、为学校募集资金等;(3)高层次的参与,指家长参与学校决策与管理。[①] 按照这一分类,我国家长参与学校教育的层次大多还停留在"低层次"和"中层次","高层次"参与即家长参与学校决策还不普遍。而就实践来看,学校也面临着诸多困境,例如,家长参与学校教育的责任和权利与学校管理层的责任和权利还没有明晰;家长参与学校教育的组织尚未完善;家长的参与意识和参与能力都有待增强,等等。

综上,家长参与子女教育,与学校教育协调一致,不仅有助于为儿童的发展构建和谐一致的教育环境,促进其健康全面发展,而且能有效地保障家长的教育权利,促进学校教育高质量发展。深入研究现代学校治理视角下家长参与学校教育的实施路径,促进家长的有效参与,提高家长参与层次,既顺应了教育综合改革发展的趋势,也是学校治理改革的必然要求。

二、世界各国家长参与学校治理现状分析

随着教育民主化进程的加剧,在美国、欧洲各国、澳大利亚等西方发达国家,家长参与学校教育治理是家长的权利和责任,已经成为社会共识,由法律进行保障,并形成了从国家到学校

---

① 马忠虎.基础教育新概念:家校合作[M].北京:教育科学出版社,1999:54.

不同层次的家长参与学校的组织体系。① 从研究情况来看,家长参与学校教育已经成为近四十年来各国教育改革发展的一种趋势。综合而言主要有以下几个特点。

(一)家长深度参与学校教育成为世界趋势

以美国为例,美国家长对学校教育的参与经历了从参与学校教育到参与学校管理、从消极被动参与到积极主动参与、从一元管理主体到多元管理主体、由封闭走向开放、由"局外人"向"局内人"角色演变的过程。

20 世纪 80 年代以前,家长参与侧重于学校的教学业务性活动。80 年代以后,随着美国基础教育的深刻变革,家长参与逐步深入到学校的决策层面,作为集决策者、合作者和公共教育购买者于一身的家长,他们以主人翁的身份参与学校决策,积极承担管理责任、履行服务义务。② 2000 年美国国会的调查研究表明:增加家长参与程度是儿童长远发展的关键,家长参与"父母作为教师"(PAT)项目的儿童在学业成就评价中认知能力、语言能力和社会技能等都有所增强。③

(二)健全的法律法规为家长参与学校治理提供法律保障

很多国家家长参与学校教育逐渐法治化,从中央到地方,从早期行政机关的行政命令到法律层级,这些法律法规的制定为家长参与权的落实提供了有力的保障。

例如,美国、德国、意大利、西班牙、葡萄牙等国,用立法的形式保障家长参与学校教育的权利。美国教育部"国家教育目标制定小组"(The National Education Goals Pane)把"父母参与"(parent involvement)列为第八项国家教育目标,即"每个学校都有责任鼓励家长与学校发展伙伴关系,促进家长参与,以帮助儿童在社会方面、情感方面以及学习方面的健康成长"。在德国,中小学生家长参与学校教育的权利和义务受到了德国联邦《基本法》、各州宪法及其学校法等不同层级法律条款的保护。④

(三)建立全国性分层次家长参与学校教育的组织

在政府重视和法律保障双重因素的促进下,西方国家已形成了一个比较完整、严密且富有成效的家长参与教育管理的机构和组织网络。这些机构和组织,分别在全国、地方和学校三个层面上参与学校管理,这三个层面相互呼应。这些组织有的称为家长联盟,有的叫做家长联合会或家长委员会。⑤

---

① 本部分参考文献为:刘世稳. 关于学生家长参与学校教育的思考——中、美两国"家长参与"状况的对比和分析[J]. 外国教育研究,1999(2);赵澜波. 澳大利亚、新加坡中小学生家长参与学校教育的现状及思考[J]. 科教文汇(下旬刊),2009(2).
② 孙孝花. 从"局外人"到"局内人"——美国家长参与学校管理的角色转变研究[D]. 金华:浙江师范大学,2005.
③ 刘小蕊,庞丽娟,沙莉. 尊重家长权利,促进家长参与——来自美国学前教育法的启示[J]. 学前教育研究,2008(3).
④ 赵玉如. 中小学生家长参与学校教育:德国经验及启示[J]. 北京教育学院学报,2017(3).
⑤ 曾晓燕,蒋有慧. 家长参与管理西方国家基础教育改革的新动向[J]. 江西教育科研,2000(5).

例如,美国中小学建立学校董事会或地方学校委员会。董事会是学校的最高权力机构,由国家授权,代表产权所有者对所属学校拥有最终的控制与决策权,学校的重大决策必须经由董事会讨论决定。美国还设有全国性的家长组织——"全美家长参与教育联合会"。西班牙政府成立了权力很大的"国家学校理事会"。德国各州学生家长在班级、学校、区级和州级四个水平上参与学校教育。①

(四) 家长参与学校教育的领域广泛而深入

近年来,西方各国家长参与学校教育的领域不断拓展,几乎覆盖了学校教育的方方面面:(1)参与学校重大事务决策,如美国家长通过合议制的决策机构——学校评议会等参与学校决策。(2)参与学校管理与课程教学,如澳大利亚政府于1983年通过立法,要求每所学校成立一个由家长、社区代表共同参加的学校委员会,直接参与学校课程开发方向的决策以及课程规划、课程编制、课程评价等工作。(3)参与学校经营,如美国家委会家长们利用自己的经济实力和专长帮助学校改善办学条件;英国学校的董事会负责审议和监控学校建筑物、场地以及设备的维护改善及维修等工作。(4)参与权利维护与保障:致力于维护和保障子女和其他学生的教育权利以及教师的权益,如美国的各级家长教师联合会致力于儿童和青少年权益的维护;维护子女的教育权是日本"父母与教师协会"的目标之一。(5)参与学校教育评价,如荷兰家长通过参与家长理事会或校董会而直接介入学校评价。②

(五) 家长参与学校教育方式与途径的多样化

美国学者戴维斯根据家长参与学校教育的目的来划分家长参与学校教育的方式:(1)以解决目前教育中存在的问题为目的。参与方式有:约见家长、成立临时咨询委员会等。(2)以促使家长参与其子女的教育为目的。参与方式有:家庭教育指导、开放日等。(3)以利用社区教育资源来丰富学校教育为目的。参与方式有:参观博物馆、开辟教育基地等。(4)以吸收家长参与教育决策为目的。参与方式有:家长咨询委员会、家长教师协会等。美国学者按家长在家校合作中担任的角色把家长参与学校教育的方式分为三类:(1)家长作为支持者和学习者。参与方式有:家长学校、家委会、家长小报、家庭教育咨询、家校书面联系、电话联系和个别家长约见等。(2)家长作为学校活动的自愿参与者。参与方式有:家长报告会、课外辅导、家长帮助指导职业实习和特殊技能训练等。(3)家长作为学校教育决策参与者。参与方式有:家长咨询委员会、教师家长联合会、家长出任校董事会成员等。③

(六) 日益注重对家长参与能力的培育

各国家长参与能力的培育包括两个方面,一是基于家长的家庭角色,教育家长如何教育子

---

① 赵澜波.澳大利亚、新加坡中小学生家长参与学校教育的现状及思考[J].科教文汇(下旬刊),2009(2).

② 邱兴.家长参与学校管理的中外比较研究[J].外国中小学教育,2006(12).

③ 李细姣.家长参与学校教育的问题与对策研究[D].长沙:湖南师范大学,2009.

女,培养合格的国家公民。二是对家长如何参与学校教育进行培训。[1] 如美国联邦教育部采取发布《家长参与指南》的策略,帮助家长更全面地了解学校,获取有关教育活动和教育项目的可靠而有效的知识,增强家长的参与意识、责任感与合作精神。

三、家长参与学校治理的内涵与要义

在我国,家长参与学校治理是一个新的概念,其内涵随着我国教育治理现代化的不断推进而日益丰富。

(一)家长参与学校治理的内涵

管理和治理是两种不同的学校管理范式。"相比管理,治理是一种优化、良性、多元化、多角度的管理。管理多表现为命令和控制,而治理更多的是在多元行为主体之间形成密切、平等的网络关系,把有效的管理看作是主体之间的合作过程;管理多表现为自上而下,管理者出自自身主观意愿实施管控,而治理更多地强调发挥多主体的作用,鼓励参与者自主表达、协商对话,并进而达成共识。"[2]一般认为,教育治理是面向教育领域的一个行动过程,是政府、企业和学校等多社会主体依托正式或非正式制度在主体间进行协调及持续互动的行动过程。[3] 教育治理现代化,意味着教育要从以往的"管理"或是"管制"模式,转型为政府、学校、社会等主体共同参与、民主对话、协作共赢的新模式。

学校是教育治理的核心。基于对"管理"与"治理"区别与联系的认识,学校治理是指政府、社会、学校在多元主体、协同共治的理念下,通过合作、协商等途径,共同参与学校教育事务,为了实现共同的教育理想和目标而采取行动的过程。学校治理是政府、社会、学校等多个治理主体在民主协商基础上,在共同的目标引领下相互作用的过程,各个主体以合作、协商等方式共同处理学校事务。在现代教育治理构架下,学校和家长均是学校教育的"利益相关者",都肩负各自的教育责任,在协同共治的核心理念下,二者不再是一种管理与被管理的关系,而是一种合作共治、共建共享的新型伙伴关系。

按照学校治理指向,"学校治理"可分为内部治理与外部治理。内部治理是调节学校内部各利益主体间关系的一系列正式制度和非正式制度的总和,涉及内部管理体制、运行机制及组织行为规范体系。外部治理涉及学校与学生家庭、政府、社会之间的关系。[4] 无论是内部治理还是外部治理,家长都是重要的治理主体,都是学校事务的重要参与者。

本书所指的"家长参与学校治理",是指家长作为学校教育治理主体之一,按照相关国家法

① 赵澜波.澳大利亚、新加坡中小学生家长参与学校教育的现状及思考[J].科教文汇(下旬刊),2009(2).
② 郑金洲.学校治理现代化:意义探寻与实践推进[J].河北师范大学学报(教育科学版),2021(1).
③ 刘来兵,张慕文.大数据时代教育治理现代化的内涵、愿景及体系构建[J].教育研究与实验,2017(2).
④ 胡玲丽,张继恒.高职院校治理结构研究——以构建学生主导下的治理结构为视角[J].职教论坛,2012(19).

律以及学校规章，主动参与学校决策和管理，参与学校教育各项事务，与学校共同协商，共担责任，合作共育，共同促进学校教育质量提升，促进学生全面健康发展。

以往关于"家长参与学校教育"的研究多是从家校合作的角度，或者是从将家长作为一种"教育资源"的角度而展开，在这一视角下，家长的角色主要是作为学校教育的"支持者"而非学校教育的"治理者"。[①] 在现代学校治理视角下，家长与学校的关系发生了根本的改变。政府、社会、学校和家长，均是学校教育的"利益相关者"，都负有各自的教育责任。尤其是家长和学校二者不再是一种管理与被管理的关系，而是一种合作共治、共建共享的新型伙伴关系。学校作为社会公共服务机构和专业的教育机构代表着国家意志，是国家教育方针与政策的执行者，学校有责任和义务根据政府设立的"培养什么人"的教育目标，利用政府和社会所提供的公共资源实施教育，而政府、社会和家长也都有向学校提供协助与支持的义务和责任。学校和家长遵循法律法规履行各自的职责和义务。

在学校治理视角下，学校和家长不是"管理"与"被管理"的关系，也不是"服务"与"被服务"的关系，而是教育共同体中的合作伙伴，有着共同目标——促进学生全面健康发展，相互尊重、彼此信任、平等合作。这也意味着，学校管理者需要"首先从'管控''管理'的理念中挣脱出来，学会从'治理'的角度看问题，从'治理'的立场分析问题"。[②] 即，要把家长看作教育伙伴，而不能仅仅把家长当作利用的对象，尤其是财力、物力、人力的利用对象。学校要争取家长的合作与支持，要创造条件让家长参与学校治理，实现协同共育。

需要注意的是，虽然学校和家长都是学校教育的责任主体，但现代学校治理视角下家长参与学校治理是一种学校导向型参与，即家长参与学校事务是在学校的组织与指导下的参与，而非家长的"自由参与"。这是由学校的特殊性质所决定的，学校作为政府的代理机构和教育专业机构，决定了其在家校协同过程中应承担起引领者、主导者和指导者的角色。在此前提下，学校和家长作为合作伙伴，结成治理共同体，为了共同目标的实现而行动。

（二）家长参与学校治理的权利

家长参与学校治理的权利是受法律保护的。教育作为准公共产品，具有促进公共利益和个体利益的双重属性，无论从其作为公共产品还是作为私人产品来看，家长均有权参与有关其子女的教育，拥有包括知情权、决策权、监督权和评价权等在内的基本权利。

家长参与学校教育的法律权利最少包括三个层面：作为学生监护人对学校教育的知情权、建议权；作为购买学校教育产品的客户对学校教育质量的评价权；作为纳税人对公共服务机构工作实施情况的监督权、决策权。[③] 这些权利主要包括：对学校教育教学情况的知情权、对学校

---

① 马忠虎. 基础教育新概念：家校合作［M］. 北京：教育科学出版社，1999：141.

② 郑金洲. 学校治理现代化：意义探寻与实践推进［J］. 河北师范大学学报（教育科学版），2021（1）.

③ 黎平辉，邓秀平. 从个体伦理责任的践行到公民权利的苏醒与均衡——对社会转型期我国中小学家长参与学校教育的思考［J］. 当代教育科学，2012（22）.

重大事务的决策权、对学校教育事务的建议权、对学校办学的监督权、对学校办学质量的评价权以及作为家长的学习权,等等。具体而言:知情权,指家长有对学校教育教学情况、管理工作、发展规划及其他有关情况的了解权,知情权是家长履行职责、享受其他权利以及发挥职能的基础;决策权,指家长有参与学校重大事务决策的权利,如参与讨论学校发展规划和年度工作计划、每学年的全体教工大会,并提出自己的意见和建议;评价权,指家长有对学校的发展和学生的教育方面提出批评、意见、建议与评价的权利;监督权,指家长作为学生权利的维护者,享有监督学校教学工作和管理工作的权利。

(三) 家长参与学校治理的角色

在现代学校治理视角下,学校和家长是"教育伙伴"。家长不仅是孩子的养育者、家庭教育的第一责任人,也是学校教育的参与者。家庭与学校追求共同目标的达成,双方相互信任、共同参与及分担教育责任,共享合作所达到的效果。家长以多重角色参与学校治理,如决策者、监督者、建议者、合作者、志愿者、学习者等,这些角色从被动到主动、从旁观者到决策者,层级各不相同。

1. 消极的旁观者

"旁观者"家长对学校事务持"旁观"态度,不关心、不关注,除非迫不得已是不会参加学校事务的。"旁观者"家长大概分为两类:一类家长认为学校教师是专业教育者,而自己"不懂"教育,只要把孩子交给老师就好了,自己没有必要参与进去;另一类家长由于家庭教育意识淡薄或者缺少家庭责任感,并不关心孩子的发展和在校表现,对于学校教师提出合作的邀请持拒绝或者冷漠的态度。

2. 被动的配合者

这类家长基本不会主动参与学校教育事务,但在学校的要求与指导下,会配合学校教师的工作,也会参与学校活动。

3. 积极的支持者

这类家长会主动关心学校发展,主动了解学校的办学理念,积极与学校沟通;踊跃参与学校举办的各项活动,乐意与学校其他家长合作,协助教师开展教育教学活动,积极主动地做学校教师的"助理"和"助教";主动把孩子在学校以外的学习状况及成长过程告知学校,愿意配合学校共同做好对其子女的教育工作。

4. 监督者/评价者/决策者

这类家长对学校有"主人翁"意识,会参与到学校教育事务的管理、监督、评价与决策中,并就学校如何提高教育教学质量提供意见和建议,为学校发展献计献策。

5. 学习者

家长以学习者的身份通过自我学习或者参加学校为家长提供的课程,目的或是了解学校教育政策,学习与子女建立融洽的亲子关系,或是学习与子女沟通的技巧,提升自己的家庭教育水平。

四、家长参与学校治理的方式与内容

在教育治理现代化背景下,家长参与学校治理是家长参与学校教育的必要路径,研究者对家长参与学校治理的方式与内容已形成若干共识。

(一) 家长参与学校治理的方式

按照不同维度,家长参与学校教育的方式有以下几种:

其一,依据设计与组织者不同,家长参与学校教育可分为学校主导、家委会主导、家长或家长组织主导三类。

其二,依据参与范围不同,可分为参与学校事务、参与班级事务、参与子女在家教育。

其三,依据参与路径的差异,可分为直接参与和间接参与两类。直接参与即家长亲身参与学校事务,如参与学校决策,与学校共同商议教育计划,参与教育活动,深入具体教育环节,参与家长组织,被邀请参与家校活动等。间接参与是指家长或是通过家委会,由家委会代表其参与学校事务,而自己并不直接参与学校教育各层次的决策和活动;或者为学校提供教学资源、财务支持等。

其四,依据家长参与的深度,可分为低层次的参与、中层次的参与和高层次的参与。如前所述,依据摩根等人的观点,低层次的参与包括访问学校、参加家委会、开放日、学生作业展览、家长联系簿、家长小报等方式。中层次的参与方式包括经常性的家访、家长参与课堂教学和课外活动、帮助制作教具、为学校募集资金等。家长参与学校教育的最高层次就是介入学校事务的管理。

(二) 家长参与学校治理的内容

家长参与学校教育的领域涉及学校的全部教育教学领域,如家长参与学校决策、学校事务管理、课程建设与实施、校园活动、学生在家学习等,具体参与的边界与方式由双方共同协商而定。影响较大的家长参与理论框架是爱普斯坦(Epstein)等提出的六种类型的家庭参与学校教育的合作模型:(1)亲职教育(parenting),如家长照顾子女的身体健康并提供好的学习环境;(2)家校沟通(communicating),如定期、有规律地跟学校人员进行沟通,了解孩子的在校发展情况;(3)作为学校志愿者(volunteering)参与学校活动,如家长帮助学校筹集资金,为学校活动提供志愿服务等;(4)帮助子女在家中学习(learning at home),如监督子女的家庭作业,提供业余读物;(5)参与学校决策管理,如家长参与学校的管理和运作;(6)和社区组织合作(collaborating with community),把家庭和学校的关系延伸到整个社区,建立良好的社区关系,组织社区资源。[①]

---

① 乔伊斯·L. 爱普斯坦,等. 学校、家庭和社区合作伙伴:行动手册(第三版)[M]. 吴重涵,等,译. 南昌:江西教育出版社,2012:55—56.

具体而言,主要包括以下内容。

1. 参与学校决策与规划

包括参与制订学校发展规划,参与学校组织与行政管理、人事政策及学校各种方案,参与对学校办学目标、学生培养目标的评议;参与有关学生和家长切身利益的重大事项的决策等。

2. 参与学校教育质量评价与监督

包括监督、评价学校教育教学过程,如对学校工作进行满意度评价,对学校的日常工作进行视察、评议等。

3. 参与学校事务管理

包括参与学校日常事务管理,参与学校项目管理,为学校提供力所能及的人力与财力支持;参与班级工作计划的制订,配合班主任共同开展好班级活动,并提供必要的支持;参与学校后勤工作,如筹集经费、购买仪器设备、协助学校建筑及设备的检修、配合美化学校环境等。

4. 参与课程建设与教学活动

包括参与学校课程建设,如参与课程计划制订、课程审议、校本课程建设等;为学校提供教学支持,如运用自身的专长或专业知识,协助教师进行教学活动;配合学校进行教学管理,参与教学计划制订以及学习质量评价,如参与优秀教师评价、教育质量评价、学生学习结果评价等。

5. 参与子女在家的教育与学习活动

包括配合教师完成学生在家的学习任务;基于自己对教育的认知,设计家中可与子女共同参与的学习活动;与学校教师主动沟通,告知学生在学校以外的学习状况与身心发展等。

6. 参与学校开展的家长教育课程

参与学校为家长提供的家长课程培训和亲子活动等,不断提高自身素质。

（三）家长参与学校治理的组织机构

学校的家长委员会是由本校学生家长代表组成,代表全体家长参与学校民主管理、支持和监督学校做好教育工作的群众性自治组织。家长委员会的委员代表全体家长参与学校民主管理,支持和监督学校做好教育工作。2012年3月,教育部出台《教育部关于建立中小学幼儿园家长委员会的指导意见》(以下简称《指导意见》),明确家委会是"支持和监督学校做好教育工作的群众性自治组织"。家委会成员由关心孩子成长、热心教育、热情支持学校工作的在校学生的家长组成。根据《指导意见》,家长委员会应在学校的指导下履行如下职责。

参与学校管理。对学校工作计划和重要决策,特别是事关学生和家长切身利益的事项提出意见和建议。对学校教育教学和管理工作予以支持,积极配合。对学校开展的教育教学活动进行监督,帮助学校改进工作。

参与教育工作。发挥家长的专业优势,为学校教育教学活动提供支持。发挥家长的资源优势,为学生开展校外活动提供教育资源和志愿服务。发挥家长自我教育的优势,交流宣传正确的教育理念和科学的教育方法。

沟通学校与家庭。向家长通报学校近期的重要工作和准备采取的重要举措,听取并转达家长对学校工作的意见和建议。向学校及时反映家长的意愿,听取并转达学校对家长的希望和要求,促进学校和家庭的相互理解。

五、教育现代化治理视角下学校的角色转变

在教育现代化治理背景下,学校需要对自身角色进行重新定位。学校作为国家教育政策法规的执行者,是学校治理工作的主导者。学校校长应该成为学校治理工作的组织者,从学校发展和学生健康成长的层面引领家长、社会参与到学校治理工作中。

(一) 引领家长确立共同的治理目标与发展愿景

学校治理是多个主体共同合作实现治理目标的过程。每位家长对教育问题都有独特的看法和诉求,明确的共同目标有利于让学校教育者与家长达成共识,否则学校和家长都将陷入困境。因此,学校治理工作的推进,需要学校与家长一起构建共同的教育理想和目标。

学校应基于国家教育方针和学校办学目标,与家长一起确立学校发展目标、培养目标,并制订发展规划。有了得到家长认可的共同目标,才能和家长结成真正的共同体、同心圆,也才能最大限度地激发家长的"主人翁"意识和对学校的归属感及认同感。家长会更加主动地参与学校治理,并在参与学校事务中和学校一起发现问题、解决问题。

(二) 建立家长参与学校治理的相关制度

健全的制度是家长参与学校治理的保障。学校作为教育事业的主办者,应该建立家长参与学校治理的相关制度,以保障家长实现对学校的参与权,确保在学校重大事项决策上听取家长的意见。

1. 向家长明确开放领域及内容

学校要向家长明确开放的领域及内容。包括学校重要事务决策,在制定学校政策时咨询家长的意见;让家长参与教学目标、学生培养目标或评估工作;向家长开放教学监督与评价,为家长提供有关现行学校运作,以及学生与学校表现的相关资料等。

2. 主导与支持建立家长参与学校的各类制度和组织

家长参与学校治理的制度与组织包括学校治理委员会、家校联合会、议事会、家委会、家校社联席会议等,这些制度的实施为家长参与学校管理提供制度保障。学校要主导或鼓励家长建立家校合作组织和各类社团,为家长自我成长以及参与学校提供组织支持;建立培训制度,建立家庭教育指导工作机制,引领家长成长,提升家长参与学校教育的能力;建立教师培养制度,增强教师指导家长的能力等。

3. 建立健全家长委员会各项制度

家长委员会以及相关的各项制度是落实家长参与学校治理权利的重要组织和保障。学校

要建立家委会咨询制度。对学校办学活动中的有关事项,特别是直接涉及学生个体利益的活动,学校有关方面应咨询家长委员会的意见。家长委员会的咨询意见应是学校有关方面决策、实施有关事项时的重要参考。在学校校务委员会、校长办公会、教职工代表大会、学生代表大会等会议研究决定涉及学生利益的重要事项时,家长委员会可以派员列席,参与审议和讨论,发表意见和建议。

4. 引导成立家校合作组织和家长组织

学校应组织建立家长教师会(PTA)或其他组织,借以引导家长参与学校事务;引导家长成立家长组织,促进家长相互交流,互助自治,共同成长,指导家长合法、合情、合理的参与各类学校事务。

(三) 培训教师团队,增强教师家庭教育工作能力

任何教育改革的顺利推进如果没有教师的支持,都是空谈。教师的专业能力是制约家校合作顺利开展的重要因素。现代学校治理视角下,教师不仅是学校治理的重要主体,同时还承担着引导、指导家长参与学校教育治理的责任。作为在家校互动过程中与家长接触最多的人,教师的素养、态度、能力直接影响着家长参与学校教育教学的效果。

哈佛大学家庭研究计划表明,为了有效地开展家校合作,教师需要掌握七方面的专业知识:(1)关于家校合作的基本知识,如合作的目标、价值、障碍等;(2)关于家庭的基本知识,如不同家庭的文化、生活方式和对儿童的教养方式等;(3)关于家校沟通的知识,如一些促进双向交流的技巧和策略;(4)家长参与儿童学习活动的知识;(5)家庭如何支持学校的知识;(6)学校如何支持家庭的知识;(7)关于家长角色的知识,家长可作为决策者、宣传者、研究者等。学校要为教师增强这些能力提供培训机会和培训课程。

(四) 权衡好家长参与权与学校教育专业权之间的关系

在家长参与学校治理过程中,对学校而言,最大的挑战是如何处理好作为非专业教育者的家长的参与权与学校教育专业权之间的关系。

作为治理主体而且是教育公共产品的消费者,家长对学校教育的相关过程、方法拥有监督权、评价权、建议权和决策权。通常情况下,家长的决策、建议与评价总是多从个体的切身利益出发,而且大多数家长并非专业教育工作者,对教育教学规律、原则方法等并不是很了解,他们的建议可能完全出自个人的主观臆断,从而缺乏科学性而无法付诸实际。所有这些都可能使家长的意见与学校教育对专业性的追求相冲突,甚至相矛盾,从而导致非专业权利与专业权利之间的失衡,在现实语境中则容易形成"外行影响内行"、家长干涉学校行政与教学等问题,从而影响师生正常教学活动,其结果可能是家长侵犯教师的教学专业权,而学校行政如果未能妥善协商,将造成学校与家长的对立或学校行政与教师的对立。学校作为治理共同体的领导者,必须有能力权衡好家长的参与权与学校教育专业权之间的关系,使家校共治始终向着积极的方向迈进。

总而言之，在现代学校治理视角下，学校和家长是重要的合作伙伴。家长已不再是学校教育指令的被动接受者，学校必须转变观念，应以更主动开放的态度及作为，鼓励家长参与学校决策与校务管理，以积极的姿态与家长建立相互信任、相互尊重、相互支持的合作伙伴关系，共同推进学校治理现代化，促进学校教育高质量发展。

第二章

家长参与学校治理的现状分析

学校教育者和家长皆认同家长有参与学校治理的权利,大部分学校教育者对家长参与学校教育作用的认识还停留在"拓展教育资源""改善家校关系"的范畴,还未从完善学校治理结构、增强学校治理能力的高度上思考。家长参与学校教育普遍处于中低层次。家长需要得到学校的专业指导,学校应该为家长提供家庭教育指导服务。

课题组基于家长参与学校治理情况问卷调查结果、中小学(园)校园长座谈会,以及对中小学幼儿园家长参与学校实践的考察,分析当前上海市中小幼家长参与学校治理的现状,梳理存在的问题,并分析其背后的原因。总体来讲,中小学以及幼儿园普遍建立了家长学校、家长委员会等组织,但这些机构与组织的主要职责在于开展家庭教育指导,增强家长家庭教育能力,改善家庭教育,或者将家长作为"资源",使家长配合学校开展教育活动,家长参与学校治理依然处于较低层次。

一、调查研究设计

课题组采用问卷调查的方式对家长参与学校教育情况进行调查,同时以座谈会和访谈的方式就一些重点问题进行深入了解。

(一)问卷调查

根据研究目标,课题组编制了三份调查问卷,并于 2021 年 9 月在"问卷星"发布。三份问卷分别为:

(1)《家长参与学校教育情况问卷(校长)》:问卷对象为学校校长或分管家庭教育工作的学校领导,主要调查各学段学校家长参与学校教育的制度与路径;问卷对象为 123 人,涉及 123 个学校,其中幼儿园、小学、初中、高中分别为 25、53、25、20 所。

(2)《家长参与学校教育情况问卷(班主任)》,问卷对象为班主任,主要了解班主任对家长参与学校教育的认识,以及班主任视角下家长参与学校教育的情况,问卷对象为 533 位中小学班主任。

(3)《家长参与学校教育情况问卷(家长)》,问卷对象为家长,主要了解家长对参与学校教育的认识、意愿、体验以及期待等。家长问卷样本量为 14 779 个,涉及上海市 16 个区,幼儿园、小学、初中、高中四个学段。

(二)座谈会

课题组于 2021 年到 2022 年期间共组织召开 4 次座谈会,成员包括 25 位中小学和幼儿园校(园)长或分管家庭教育工作的领导。座谈会围绕以下问题展开：

（1）学校现有哪些家长参与学校教育的组织、机构？组织或机构包括：学校治理委员会、校务委员会或学校议事会（学校、社会、家庭三方共同商议学校事务的机构）、家校联席会议制度、家长督学制度、家长教师合作组织（PTA）、家长沙龙（家长俱乐部）、家委会等。它们是如何发挥作用的？是否能够有效满足家长参与学校教育的诉求（比如知情权、监督权、参与权、评价权的落实）？

（2）如何认识家长参与学校教育的领域及其边界？

（3）当前家校合作共育中，开展最有效的工作有哪些？

（4）当前在家校社合作中，学校遇到最大的问题是什么？影响这一问题解决的瓶颈是什么？

（5）学校是否遭遇过较为激烈的家校冲突，学校是如何解决的？

综合问卷调查数据和座谈会内容，课题组对当前上海市中小幼家长参与教育现状展开分析。

二、家校双方关于家长参与学校治理的认知与态度

家校双方对家长参与学校治理的认知与态度，在很大程度上决定了他们的行为。如果学校对家长参与学校治理有着积极的开放的态度，则会主动通过建章立制以及采取各类措施支持家长参与学校事务。同样，如果家长认为自己有权利参与学校决策，则会积极寻求参与学校事务的机会。

学校教育者和家长普遍认为家长有权利参与学校教育，学校应该保障家长各项权利的落实。在家长参与教育的各项权利中，无论是学校教育者还是家长，对知情权的认同度最高，认同度最低的是决策权。但大部分学校教育者认为学校做出重大决策前需要征求家长的意见。各学段差异明显。

（一）家校双方普遍认同参与学校教育是家长的基本权利

教育者普遍认为家长有参与学校治理的权利，各学段比例均超过七成，但有超过15%的小初高班主任依然不认同这一观点（见表2-1）。还有约10%的班主任"没有想过"这一问题。大部分家长缺乏"家长参与权"的观念，认为自己的任务就是配合教师工作。

表2-1　参与学校教育是不是家长应有的权利（班主任问卷）

学段	是	否	没想过
小学	84.11%	6.30%	9.59%
初中	84.76%	6.67%	8.57%
高中	77.78%	6.35%	15.87%

从数据来看,认同"参与学校教育是家长应有的权利"的各学段比例均超过七成,小初高三个学段的班主任比例分别为84.11%、84.76%、77.78%。值得注意的是,选择"没想过"的小初高三个学段比例分别为9.59%、8.57%、15.87%,高中比例最高。

座谈会上,学校领导普遍认为,家长参与学校是公民应有的权利,学校应该予以保障。就家长而言,据对实践的观察,大部分家长缺乏"家长参与权"的观念,不知道参与学校教育是公民权利的一部分。家长普遍认为,家长的主要任务是配合学校、教师,做好后勤保障工作,最主要的是要"听老师的话",学校让干什么就干什么。不少家长认为把孩子送进学校后,自己就"不用管了",孩子在学校的教育是学校的责任。这部分家长既没有意识到自身参与学校教育可以提高孩子的学业成绩,也没有意识到参与学校教育是自己作为社会公民的一项权利。

(二) 家校双方对"家长有哪些参与学校教育的权利"的理解

超过九成的班主任和家长均认为,作为家长对学校教育有知情权;只有约两成的班主任和家长认为家长拥有对学校重大事务的决策权。可见家长参与学校决策,无论是对于教育者还是对家长而言,都没有受到重视,而且家长参与学校决策与管理的意识更弱。其中,班主任和家长选择"学习权"的比例差异较大,超过六成的班主任认为家长有学习权,而只有个别家长认为家长有学习权(见表2-2)。说明,学校教育者认为家长应该不断学习,提升自我,而家长却不这么认为。

表2-2 家长参与学校教育的权利

学段	调查对象	对学校教育教学情况的知情权	对学校重大事务的决策权	对学校教育事务的建议权	对学校办学的监督权	对学校办学质量的评价权	作为家长的学习权	说不清或没想过
幼儿园	家长	94.59%	25.80%	66.88%	46.69%	61.85%	3.31%	1.85%
小学	班主任	89.59%	18.63%	51.23%	46.03%	40%	62.74%	2.74%
	家长	92.49%	22.93%	56.50%	34.71%	55.73%	5.30%	3.40%
初中	班主任	93.33%	20.95%	54.29%	59.05%	36.19%	69.52%	1.90%
	家长	90.82%	21.98%	53.76%	30.87%	53.66%	7.48%	5.72%
高中	班主任	93.65%	23.81%	58.73%	58.73%	53.97%	60.32%	6.35%
	家长	92.78%	22.36%	57.72%	33.54%	57.52%	5.89%	3.15%

如前所述,家长参与学校教育的权利表现为:对学校教育教学情况的知情权、对学校重大事务的决策权、对学校教育事务的建议权、对学校办学的监督权、对学校办学质量的评价权以及作为家长的学习权,等等。其中,监督权、评价权和决策权意味着对家长深度参与学校教育的保障。

调查显示,班主任认为家长应具有的权利中,按照选率高低排序,依次为:知情权、学习权、建议权、监督权、评价权、决策权。各学段排序差别不大,但各选项比例差异较大,如选择"知情权"的比例均接近或超过 90％,选择"监督权"的比例约为 50％,而选择"决策权"的比例均只有 20％。数据表明,只有少数班主任认为家长对学校事务拥有监督权和决策权。

同样的问题,家长的问卷数据显示:各选项选率从高到低依次为:知情权、建议权、评价权、监督权、决策权、学习权。家长选择知情权的比例相近,而选择监督权的比例远远小于班主任的比例。这说明,家长对自己拥有学校监督权的认知和班主任相比更低。

还有一个值得关注的数据是选择"学习权"的比例,小初高学段班主任的比例分别为 62.74％、69.52％、60.32％,而幼儿园、小初高四个学段家长的比例分别为:3.31％、5.30％、7.48％、5.89％。二者差距巨大。这在一定程度上可以说明,学校教育者认为家长应该成为一个自觉的学习者,但大多数家长的主动学习意识并不强。

从数据可知,总体而言,大部分教育者对家长参与学校教育权利的认识还处于"知情"的层面,而涉及"高层次"参与学校相关的权利,如决策权、评价权、监督权,无论是对教育者还是对家长而言,认可度并不高。这与当前家长参与学校实践的情况相符:对家长参与学校实践的调查也说明,家长的知情权基本能够得到满足,但参与学校管理与决策的权利基本没有落实。相关调查也证明,相比文化程度较低水平的家长,学历较高以及拥有社会资源较多的家长参与学校教育的意识更强,他们对学校、学生发展的期望与关注有着更高的需求,往往希望最大程度地参与学校的教育、教学、管理等工作。

对中小学班主任的调查说明,超过七成的班主任和家长均认为"学校做出重大决策前需要征求家长的意见"(见表 2-3)。具体而言,选择"非常需要"和"需要"的班主任比例之和大概为八成,而家长比例之和超过九成。值得注意的是,选择"不需要"的三个学段班主任的比例均超过 10％,而小学班主任的比例近 20％。这组数据和对家长教育参与权利的调查数据一致,即学校教育者对多数家长参与学校决策这一权利,明显不够重视。

表2-3　学校做出重大决策前是否需要征求家长的意见

学段	非常需要		需要		无所谓		不需要	
	班主任	家长	班主任	家长	班主任	家长	班主任	家长
幼儿园		37.20%		54.78%		5.61%		2.42%
小学	18.08%	32.19%	51.51%	58.70%	10.68%	5.87%	19.73%	3.24%
初中	21.90%	29.90%	55.24%	59.86%	7.62%	6.05%	15.24%	4.20%
高中	19.05%	28.76%	61.90%	63.11%	7.94%	5.08%	11.11%	3.05%

(三)家校双方对家长参与学校教育之重要性的认知

总体上讲,家校双方对家长参与学校教育的作用以及意义认识不足(见表 2-4)。大部分教师对家长参与学校教育作用的认知还停留在"拓展教育资源""改善家校关系"的范畴,还未从学校治理的高度上审视家长参与学校教育的意义。

表2-4 家长参与学校教育的作用（班主任问卷）

学段	拓展学校教育资源	改善家校关系	提高学校办学品质	提升教师教学水平	提高学生成绩	提高家长的教育水平	没有什么作用
小学	83.29%	83.56%	51.51%	25.48%	37.26%	63.84%	2.19%
初中	81.90%	86.67%	62.86%	28.57%	49.52%	74.29%	0.95%
高中	76.19%	79.37%	61.90%	31.75%	52.38%	58.73%	1.59%

关于家长参与学校教育的作用，各学段班主任的看法相似。各选项按照选率高低排序，小学和初中依次为：改善家校关系、拓展学校教育资源、提高家长的教育水平、提高学校办学品质、提高学生成绩、提升教师教学水平；高中依次为：改善家校关系、拓展学校教育资源、提高学校办学品质、提高家长的教育水平、提高学生成绩、提升教师教学水平。可见，在学校教育者看来，对家长参与学校教育作用的认识还停留在"拓展教育资源""改善家校关系"的范畴，还未从完善学校治理结构、提升学校教育教学水平的高度上考虑家长参与学校教育的作用。

值得关注的是，各学段中，选择"提升教师教学水平"的比例最低，小初高分别为 25.48%、28.57%、31.75%，即只有少数班主任认为，家长参与学校教育可以提升教师教学水平；选择"提高家长的教育水平"的比例，小初高三个学段分别为 63.84%、74.29%、58.73%，即大部分班主任认为，家长参与学校教育可以提高家长的教育水平。

三、家长参与学校治理实践的调查分析

随着家长参与学校教育意识的觉醒，在实践层面，大多数学校已经将家长作为学校治理的重要力量，家长参与学校事务的制度与组织不断健全。而家长则通过家委会等家长组织参与学校的各项事务。

（一）家长参与学校治理的制度与组织

家委会、家长学校、家长志愿者以及义工组织是最普遍的家长参与学校教育的制度与组织，但总体而言学校有关家长参与教育的制度与组织尚不健全，还缺乏能够让家长深度参与学校治理的制度与机制。

1. 家长参与学校教育的制度与组织建设

稳定、规范的制度是保障家长参与学校教育的关键。对中小学（幼儿园）校长（含分管园长）的调查说明，家委会、家长学校、家长志愿者或义工组织是最普遍的家长参与学校教育的制度与组织（见表2-5）。

表2-5 家长参与学校教育的制度与组织（校（园）长问卷）

选 项	比例
家委会	100.00%
学校治理委员会、校务委员会或学校议事会（学校、社会、家庭三方共同商议学校事务的机构）	52.85%
家校联席会议	64.23%
家长督学制度	38.21%
家长教师合作组织（PTA）	9.76%
家庭教育指导组织（由学校主导成立的为家长服务的组织或团队）	56.91%
家长沙龙	66.67%
家长学校	93.5%
家长社团（由家长自发成立的社团，如家长俱乐部等）	20.33%
家长自我学习组织（家长研习社、家长工作坊、互助苑等）	17.07%
家长志愿者或者义工组织	73.98%
学校与社区协同工作制度	65.85%

从调查数据中可以看出：

其一，中小学幼儿园普遍设立了家委会、家长学校等组织或机构，这些组织和机构为家长参与学校事务提供了组织与平台。尤其是家委会，学校已经依据国家政策100％设立。其次是家长学校，设立的学校比例为93.5％。再次为家长志愿者或者义工组织，设立的学校比例为73.98％。

其二，与学校治理密切相关的学校治理委员会、家长督学制度等的设立并不是很普遍。如，设立学校治理委员会、校务委员会或学校议事会（学校、社会、家庭三方共同商议学校事务的机构）的学校比例为52.85％，设立家长督学制度的学校比例为38.21％。

其三，以家长为主体的组织中，家长社群组织，如家长自我学习组织（家长研习社、家长工作坊、互助苑等）、家长社团（由家长自发成立的社团，如家长俱乐部等）的设立比例较少，分别为17.07％、20.33％。

其四，只有不到一成（9.76％）的学校设立了西方国家比较普遍的家长教师合作组织（PTA）。

从调查情况来看，在制度建设方面，中小学以及幼儿园普遍建立起家长学校、家长委员会等组织，但其主要功能在于开展家庭教育指导，加强家校合作，提高家长家庭教育水平，改善家庭教育；或者将家长作为"资源"，使家长配合学校开展教育活动，总体上还未真正做到让家长深度参与学校治理。

2. 家校双方对家委会及其职能的认知

家委会是家长自治组织,代表家长参与学校治理是其主要职责之一。学校家委会具有独立的运作地位。根据《指导意见》,家长对学校教育有知情权、决策权、监督权、参与权等,家长依法实施这些权利。家委会是代表家长实施这些权利的最重要机构,也是连接与沟通家校双方的纽带与桥梁。学校教育者只有深刻了解家委会的性质与职能,才能依托家委会引导家长有效参与学校各项事务。

调查显示,仍有部分教师不了解家委会的性质与职能,尤其是高中班主任,对家委会职能的了解"一般"(见表2-6);近二到三成的班主任认为学校做出重大决策前不需要征求家长的意见,高中班主任的比例更高。

表2-6 您是否了解学校家委会的职能?(班主任问卷)

学段	了解	一般	不了解
小学	77.53%	20.82%	1.64%
初中	72.38%	22.86%	4.76%
高中	47.62%	52.38%	0.00%

2003年7月,我国教育部颁布首个系统提出建立家长委员会的文件《教育部关于加强依法治校工作的若干意见》指出:"中小学要积极推动社区参与学校管理与监督,推进家长委员会的建立,明确家长委员会的职责,学校决策涉及学生权益的重要事项,要充分听取家长委员会的意见,接受家长委员会的监督,为家长、社区支持、参与学校管理提供制度保障。"家长委员会应履行参与学校管理、参与教育工作、沟通学校与家庭的职责。但对学校教育者的访谈得知,部分学校对家委会的性质与功能定位仍在"家校合作""家校沟通""参与管理""提供资源"层面。即使《指导意见》强调家长委员会对学校工作有监督权,但从实践来看,在当前学校占绝对"领导"地位的情况下,在"家长委员会应在学校的指导下履行职责"的规定下,家长参与学校治理的权利很难落实到位。

(二) 家长参与学校教育的角色与行为

家长参与学校教育的角色是多样化的,包括学校事务的决策者、学校各项工作的监督与评价者、学校教育者的合作者、教学支持者、志愿者、学习者等。另一方面,如果家长只是扮演学校教育者之协助者的角色,那么家长对学校的教育参与权将无法真正得以落实;如果家长所扮演的角色是决策者、监督者,家长的权利将会有所增大。从调查来看,家长参与学校教育的途径虽然多样,但绝大多数家长参与学校教育依然停留在"低层次"和"中层次","高层次"的参与即参与学校管理依然不够普遍。

1. 家长参与学校教育的角色

对家长和班主任的调查说明，双方一致认为家长参与学校教育的角色较多的是"合作者"的角色，而认同家长应该作为学校治理者如决策者、监督者等参与学校教育的家长比例较低（见表2-7）。总体来讲，无论是学校教育者还是家长自身，都没有真正把家长看作是学校治理主体之一。另一方面，家长和班主任对家长参与学校的角色认知差异较大。

表2-7　家长参与学校教育过程中的角色

学段	问卷对象	决策者	监督者	建议者	评价者	合作者	执行者	志愿者	旁观者	学习者
幼儿园	家长	0.51%	5.29%	0.51%	2.55%	41.97%	7.32%	15.54%	1.91%	12.55%
小学	班主任	0.82%	7.12%	10.14%	4.93%	50.96%	4.11%	15.89%	3.01%	1.37%
	家长	0.75%	4.66%	11.29%	2.55%	34.79%	12.78%	10.98%	4.87%	13.06%
初中	班主任	0.95%	11.43%	3.81%	4.76%	60.95%	2.86%	2.86%	8.57%	1.90%
	家长	0.65%	6.35%	13.34%	2.94%	29.37%	11.36%	6.53%	6.44%	16.19%
高中	班主任	1.59%	6.35%	9.52%	4.76%	49.21%	11.11%	1.59%	12.70%	3.17%
	家长	1.22%	6.40%	14.94%	2.34%	33.13%	12.40%	3.86%	7.11%	12.70%

具体而言，从调查可以得出如下结论：

其一，对于"家长参与学校教育过程中的角色"问题，选择比例最高的是"合作者"，比例最低的是"决策者"，班主任和家长的看法一致。在比例上，班主任的选择比例高于家长，尤其是初中学段，有60.95%的班主任认为家长是"合作者"，而家长选择"合作者"的比例只有29.37%。此外，无论是班主任还是家长，都感觉家长作为学校事务的"决策者"角色参与学校的机会是最少的。这在一定程度上可以推论出，无论是家长还是学校教育者，都觉得家长最重要的角色是"合作者"，而非决策者。从学段比较来看，高中家长选择"决策者"和"建议者"的比例稍高一些。

其二，部分班主任认为家长是学校教育旁观者，尤其是初中学段和高中学段，分别为8.57%、12.70%。小学比例较低，为3.01%。这在某种程度上说明，与其他学段相比，小学家长参与学校教育更加积极。

其三，各学段家长选择"学习者"的比例均超过10%，而班主任选择"学习者"的比例比家长低很多。即在家长看来自己是积极参与学校提供的家长培训课程的，但是在学校老师看来，家长作为学习者参与学校为他们提供的家长课程的自觉性和投入度依然不够。

2. 家长参与学校教育的内容与途径

大多数家长认为自己缺少参与学校教育的机会与途径，但可以向学校自由表达自己的意见和建议。大部分家长"参与学校教学活动，如听课、家长开放日"的活动机会较多，而家长参与学校重要事务讨论的机会并不多。学校教育者和家长均认为家长需要得到学校的专业指导,学校应该给家长提供家庭教育指导服务。调查数据说明,家长不太积极参与学校事务的最重要的原因是"家长工作忙,没时间"。

(1) 家长参与学校教育的机会与途径

大多数家长认为缺少参与学校教育的机会与途径。调查发现,超过半数的家长认为参与学校教育的机会或途径不多,四个学段的比例分别为 56.24%、56.98%、51.63%、50.41%(见表2-8)。

表2-8　家长参与学校教育的机会与途径

学段	是
幼儿园	56.24%
小学	56.98%
初中	51.63%
高中	50.41%

大多数家长表示自己可以向学校自由表达自己的意见和建议,学段越低比例越高,四个学段的比例分别为 83.44%、64.27%、55.66%、59.86%(见表2-9)。

表2-9　家长是否可以向学校自由表达意见和建议

学段	是
幼儿园	83.44%
小学	64.27%
初中	55.66%
高中	59.86%

(2) 家长参与学校事务情况

家长在子女发展过程中积累了丰富的教育经验和体会,而且家长具有不同的教育背景和专业特长,因此,在教育决策过程中吸纳家长的力量,听取家长的意见,不仅可以促进教育管理的科学化和民主化,而且有助于教育机构切实从儿童成长出发,对儿童的培养与发展做出科学合理的决策。[1] 课题组设计了题目:"在过去的一年中您做过下列事情吗?"(见表2-10),以了解家长参与学校具体事务的情况。

---

[1] 刘小蕊,庞丽娟,沙莉. 尊重家长权利,促进家长参与——来自美国学前教育法的启示[J]. 学前教育研究,2008(3).

表2-10 在过去的一年中您做过下列事情吗?(家长问卷)

具体行为	经常 (4分)	偶尔 (3分)	很少 (2分)	从不 (1分)
参与学校重要事务的讨论				
参与学校教学活动,如听课、家长开放日等				
为学校教学安排提供意见和建议				
对校长的工作进行评价并提出自己的意见				
对任课教师的工作进行评价并提出自己的意见				
与其他家长讨论如何教育孩子的问题				
主动向学校老师了解孩子情况				
参加过学校组织的家庭教育指导讲座或活动				
主动向教师寻求过家庭教育方面的咨询与指导				

从调查数据来看,大部分家长"参与学校教学活动,如听课、家长开放日"的机会较多,而参与学校重要事务讨论的机会并不多(见表2-11、表2-12、表2-13、表2-14、表2-15、表2-16)。

表2-11 参与学校重要事务的讨论

学段	经常(4分)	偶尔(3分)	很少(2分)	从不(1分)	平均分
幼儿园	34.27%	28.66%	21.97%	15.10%	2.82
小学	11.04%	21.89%	31.42%	35.66%	2.08
初中	9.27%	17.38%	29.85%	43.49%	1.92
高中	8.64%	13.92%	29.78%	47.66%	1.84

表2-12 参与学校教学活动,如听课、家长开放日等

学段	经常(4分)	偶尔(3分)	很少(2分)	从不(1分)	平均分
幼儿园	76.82%	18.73%	3.82%	0.64%	3.72
小学	56.08%	29.02%	10.58%	4.33%	3.37
初中	33.66%	27.94%	21.24%	17.17%	2.78
高中	33.43%	27.03%	20.63%	18.90%	2.75

表2-13 为学校教学安排提供意见和建议

学段	经常(4分)	偶尔(3分)	很少(2分)	从不(1分)	平均分
幼儿园	34.46%	30.89%	23.89%	10.76%	2.89
小学	13.18%	23.71%	33.25%	29.86%	2.20
初中	9.23%	18.71%	33.25%	38.82%	1.98
高中	8.84%	17.99%	32.11%	41.06%	1.95

表2-14 对校长的工作进行评价并提出自己的意见

学段	经常(4分)	偶尔(3分)	很少(2分)	从不(1分)	平均分
幼儿园	26.31%	23.31%	24.59%	25.80%	2.50
小学	9.66%	16.40%	27.69%	46.25%	1.89
初中	7.99%	13.32%	27.24%	51.46%	1.78
高中	7.11%	13.52%	25.61%	53.76%	1.74

表2-15 对任课教师的工作进行评价并提出自己的意见

学段	经常(4分)	偶尔(3分)	很少(2分)	从不(1分)	平均分
幼儿园	34.52%	29.62%	23.50%	12.36%	2.86
小学	15.09%	24.28%	29.95%	30.68%	2.24
初中	11.66%	19.65%	31.74%	36.95%	2.06
高中	9.86%	19.92%	29.57%	40.65%	1.99

表2-16 过去的一年家长做过的事情

学段	参与过学校重要事务的讨论	参与学校教学活动,如听课、家长开放日等	为学校教学安排提供意见和建议	对校长的工作进行评价并提出自己的意见	对任课教师的工作进行评价并提出自己的意见
幼儿园	2.82	3.72	2.89	2.50	2.86
小学	2.08	3.37	2.20	1.89	2.24
初中	1.92	2.78	1.98	1.78	2.06
高中	1.84	2.75	1.95	1.74	1.99

在具体参与内容方面,对家长的调查显示,"参与过学校重要事务的讨论""对校长的工作进行评价并提出自己的意见""对任课教师的工作进行评价并提出自己的意见""为学校教学安

排提供意见和建议"的得分均较低,而"参与学校教学活动,如听课、家长开放日等"的得分明显较高。说明家长参与学校教育的内容与方式虽然日趋多样化,但绝大多数家长参与学校教育依然停留在"低层次"和"中层次",学校管理等"高层次"的参与,依然不够普遍。

另外,学校领导座谈会的情况也说明,在家长参与学校教育事务中,大部分家长参与以了解、沟通为目的的活动较多,如家长会、家长开放日,等等;家委会成员则参与支持性的志愿者或义工服务较多,个别有特长的家长则介入教学活动支持较多。设有家长参与学校决策、监督与评价制度的学校比例本就不高,因此,高层次的参与在大部分中小学以及幼儿园中并不普遍。

家长参与学校教育大多时候是以个人的身份参与其中,有的时候是以团体或组织的方式参与其中。调查发现,义工组织、志愿者组织以及其他家长组织正在学校广泛建立,并成为家长借以参与学校教育的主要路径。

3. 家长对学校家庭教育指导工作的态度

无论是学校教育者还是家长,均认为家长需要得到学校的专业指导,学校应该给家长提供家庭教育指导服务。其中班主任选择"非常需要"的比例明显高于家长(见表2-17)。这说明在班主任看来,加强对家长的家庭教育指导,提升家长的家庭教育理念和水平,已经是一个非常紧迫的任务。

表2-17 就您班级的家长而言,您认为是否需要开展家庭教育指导

学段	问卷对象	非常需要	比较需要	一般需要	不需要
幼儿园	家长	41.40%	36.31%	18.73%	3.57%
小学	班主任	49.59%	33.97%	14.79%	1.64%
	家长	28.74%	38.57%	26.05%	6.64%
初中	班主任	47.62%	39.05%	13.33%	0.00%
	家长	24.96%	37.01%	28.44%	9.60%
高中	班主任	53.97%	41.27%	4.76%	0.00%
	家长	19.72%	34.04%	34.76%	11.48%

4. 影响家长参与学校教育的原因

班主任和家长均认为,有些家长不太积极参与家校合作的最重要的原因是"家长工作忙,没时间",其次是"家长对子女关心不够",再次是"家长缺乏合作意识"(见表2-18)。对班主任的调查与此一致。值得关注的是,这一问卷结果与访谈和座谈会上学校管理者的意见不太一致,校长们普遍认为,家长缺少责任心、对子女关心不够,是影响他们参与学校教育活动的最重要因素。因为在他们的工作经验中,"工作忙"只是家长不来学校的"借口",而非原因。

表 2-18　家长不太积极参与家校合作的原因

学段	调查对象	家长工作忙，没时间	家长对子女关心不够	家长缺乏合作意识	觉得对学生的成长意义不大	家长不知道怎样和教师沟通
幼儿园	家长	78.92%	3.89%	7.52%	2.10%	5.92%
小学	班主任	42.47%	20.55%	23.84%	5.48%	5.48%
	家长	66.00%	5.66%	7.85%	1.42%	14.71%
初中	班主任	36.19%	29.52%	21.90%	7.62%	3.81%
	家长	57.64%	7.51%	8.62%	1.63%	18.32%
高中	班主任	33.33%	12.70%	36.51%	11.11%	4.76%
	家长	58.54%	6.81%	8.84%	2.34%	17.28%

（三）家长参与学校教育存在的问题

除了调查数据所反映的问题之外，在学校家庭教育工作实践中，无论是家长还是学校双方，还存在需要引起教育者关注的影响家长参与学校教育的其他问题。

1. 家长方面的问题

其一，大部分家长对学校持信任、尊重但不积极参与学校教育的态度，虽然关心，但没有行动。很多家长对教师的信任不够，怕反映问题或提出不同意见之后，教师会对自己的孩子不公平，因此一直隐忍问题，但心里又不痛快。

其二，有些家长认为自己的学历高于教师，对教师的教学计划、作业安排以及指导方法经常提出异议，对教师的专业自主权不够尊重，从而让学校感到"头疼"。

其三，很多家长参与学校管理的目的还是在于维护自己孩子的利益，很难从全局性、整体性的角度看待学校的教育管理，也较难对学校的教育管理给予客观准确的评价。学校虽然对家长参与学校管理的行为给出了专业的指导意见，但对于家长参与管理的执行情况却较难进行合理的监控，从而使部分管理活动流于形式化。

其四，家长文化素养和家庭教育理念参差不齐，部分家长参与学校教育的主观意愿不强，在孩子的教育中始终是一个配角。这导致部分家长参与学校各项事务流于形式。

其五，不同家长对子女的期望值不同，造成家长参与学校管理的意愿相差悬殊。而家长的教育程度愈高，参与子女教育的主观意愿愈强，行动也愈积极。普遍存在的滞后的教育观念是阻碍家长积极主动参与学校教育、与学校进行合作和交流的主要障碍。

2. 学校方面的问题

其一，一些学校领导认为家长参与学校教育事务，很多时候是干扰教学，因此内心并不真正支持家长参与学校教育事务。学校教育者虽然认为家长参与学校教育在促进学生学业进步方面是必须的，但由于学生家长并不是专业的教育工作者，因而如果家长深度参与学校事务，他们担心家长不专业的行为会干预学校正常教学，甚至引发家校矛盾，给学校带来不必要的麻烦和干扰。

其二,学校和教师"把家长作为资源"的想法根深蒂固。不少学校仅把家长作为一种可利用的资源,而没有从现代学校治理的视角把家长视为学校教育者的"伙伴"。在各类学校家庭教育工作文本中,"家长是可利用的资源""家长是一种重要的教育资源,要把家长纳入课程改革体系之内"的说法依然常见。在学校管理者的心目中,"好家长"就是那些有资源可以提供给学校,支持与配合学校工作的家长。因此,对很多学校而言,家长参与学校教育就是引导家长利用自身资源为学校提供各类支持与服务,而较少把家长作为学校事务的决策者。

其三,学校教育者缺少足够的专业自信,感受到自己的专业权威受到了挑战。当代家长的学历层次、教育观念与过去相比较有很大的变化,甚至有的家长的教育观念、获取教育知识的能力和家庭教育的能力已经超出学校教师。在这种情况下,很多教师尤其是初任的年轻教师或因缺乏教学经验,在与家长沟通与交流中缺少专业自信,在工作中经常担心专业形象受损,担心被家长轻视,不知如何与家长互动。

其四,教师认为自己是受过专业训练的教育权威,质疑家长在教育事务上的专业性,看不起家长,对家长持轻视的态度。

总体而言,中小学、幼儿园在家长参与学校教育的制度与机制建设方面已经比较完备,但大部分家长参与学校教育仍是一种被动的、零散的、浅层次的参与,这与现代学校治理体系建构所倡导的家校共治,不论在理念上还是在实践上都是有很大差距的。因此,优化家长参与学校教育的制度建设和运行路径,让家长主动、深度、持久地参与学校教育,促进学校治理结构转型,是当前学校治理亟待解决的问题。

第三章

家长参与学校教育决策、监督与评价

学校治理结构的样态决定了家长参与学校治理的深度与广度。随着时代发展,家长参与学校决策与管理的意愿逐渐增强,这就要求学校必须建立与完善家长参与学校治理的体制机制,落实家长的教育决策权、监督权和评价权等各项权利。家长积极、主动且有效率地参与学校教育的前提条件是学校应具有完善的治理结构与运行机制。学校要基于既有制度架构完善家长参与学校治理机制;发挥家委会的桥梁作用,依托家委会建立参与学校治理的相关制度,为家长提供借以参与学校决策、监督与评价的平台与路径。

《中国教育现代化 2035》提出,推进教育治理体系和治理能力现代化,要提高学校自主管理能力,完善学校治理结构。家长参与学校治理是完善学校治理结构,提升学校治理能力的重要内容之一。在学校治理现代化背景下,学校可以采取两种路径:一是在学校治理结构下,在既有制度上延伸、拓展家长参与功能,或者构建独立的家长参与学校治理的运行机制;二是发挥家委会的桥梁作用,建立参与学校治理的相关制度机制,为家长提供借以参与学校决策、监督与评价的平台与路径。

一、学校治理结构下家长参与学校治理的路径

学校治理结构的样态,决定了家长参与学校治理的深度与广度。家长参与学校治理是在学校治理架构下对学校事务的参与,包括参与学校重大事务决策、参与学校教育教学等。

(一) 发挥学校治理架构中的家长参与作用

教育部 2012 年印发的《依法治校——建设现代学校制度实施纲要》明确规定,要保障家长对学校办学活动和管理行为的知情权、参与权和监督权。这些政策文件为推进家长参与学校治理提供了政策依据与法律保障。家长参与学校治理的首要责任在学校,前提条件是学校要具有完善的治理结构与运行机制。

治理结构是组织中各治理主体之间的权责关系,各治理主体之间通过运行机制相互制衡,以保障整个组织的有效运行并实现各主体共同的治理目标。建立现代学校治理结构,就是在学校、家庭和社会各治理主体共同协商的基础上形成有效的学校管理体制与良好的运行机制,其中包括决策机制、执行机制、监督机制等。

从学校治理的角度看,家长是学校治理的重要主体,家长与学校共同承担着促进受教育者健康全面发展这一共同任务。对于学校管理者而言,借助家长参与学校治理,建立富有成效的家长参与学校治理的体制机制,有助于使教育决策更科学,从而降低决策风险,促进学校办学质量提升,实现共同的治理目标——促进学生德智体美劳全面发展。

（二）完善学校决策机制，落实家长决策权

完善学校治理结构，让家长参与学校决策是教育改革的重要目标之一。家长参与决策已经取得合法性的地位，并逐渐成为学校治理结构改革中的常识之见。在学校教育决策中发挥家长的作用，听取家长的意见、建议或构想是家长参与学校教育的较高层次。家长拥有教育决策权，是其他所有权利的核心体现。[①]

1. 以学校章程明确家长在学校治理中的主体地位

学校章程作为学校治理的根本依据，对学校办学行为具有根本意义上的制约和规范作用。推动家长参与学校治理，必须在学校章程中明确家长作为治理主体的地位、权利、责任与义务等，明确家长参与学校治理的相关组织机构和工作机制，使家长参与学校的权利得到充分落实。中小学和幼儿园通过修订学校章程，对家长参与学校事务范围和程度做出具体规定，保障家长参与学校治理制度的建立以及运行，使家长参与变得有规可依、有章可循，有效落实家长对学校教育的知情权、建议权、决策权和监督权。

学校通常的做法是将家长参与学校治理权利写入学校章程，通过章程完善家长参与学校治理的顶层架构和整体设计，将家庭教育工作纳入到学校章程和学校发展规划中。家长委员会在学校的指导下参与学校管理和教学教学工作，履行家长责任。学校依据章程相关规定，指导建立家长委员会，为学校、家长提供沟通的桥梁；定期召开家长委员会会议，就学校发展规划、教育教学工作和学校发展中存在的问题以及解决问题的设想、措施，认真听取家长委员会的意见，以取得家长委员会的支持和帮助。

上海市虹口区第六中心小学在听取家长和教师意见的基础上，协同各部门，将家长参与学校治理写进了学校章程，提出了"加强学校、家庭、社会密切配合的育人体系建设，形成教育合力"的工作目标；制定与运行家长参与学校的各类制度，如家长学校工作制度、家长学校管理人员工作职责、家长委员会管理制度、家长委员会议事规则、家长行为规范条例等[②]，保障家长参与学校治理的各项权利的有效落实，也保障了学校家庭教育工作的有序开展。

2. 凸显家长在学校治理中的主体地位与决策权利

基于现代学校治理结构转型要求，学校建立家长参与学校的各类制度和工作机制。这既是完善学校内部治理机制的过程，也是落实家长参与学校教育权利的过程。具体而言，在党组织领导的校长负责制的治理架构下，校长全面负责，统筹建立家长参与学校治理的制度与机制，学校职能部门和教师根据各自的岗位职责相互配合。

某幼儿园为进一步加强幼儿园民主管理和监督，建立和健全幼儿园民主管理机制，提高幼儿园治理水平，根据《中华人民共和国教育法》《幼儿园教育指导纲要（试行）》的指导思想，结合

---

① 范秀双. 论学生家长参与学校教育的权利[J]. 教学与管理，2000(8).
② 郁琴芳. 家校合作50例：区域设计与学校智慧[M]. 上海：华东师范大学出版社，2018：114.

办园理念,以及幼儿园办学质量提升的实际发展需要,制定幼儿园园务共治委员会工作制度,明确了园务委员会的性质和职能——幼儿园的审议与决策机构,负责对幼儿园提出的重大决策进行审议,明确了园务委员会中家长代表的具体职责与要求。

上海市虹口区凉城第三小学积极探索学校治理结构转型。[①] 修改的学校章程确立了学校理事会的作用和决策层的地位。明确理事会是各方主体利益的"平衡器",教育资源的"整合器",学校发展的"助推器"。理事会共有 10 名左右成员组成,其中家长代表占 20%。学校管理层由学校教师构成,是学校工作的执行系统,在重大事项决策前要向理事会报备,在执行中要根据理事会决策严格到位,在执行后要向理事会汇报并接受监事会的监督评议。监事会是学校治理工作的监督系统,由内部监事和外部监事组成。其中内部监事包括党支部领导的支委会和工会组织;外部监事包括政府委托方(区政府督导室、教育评估所、未成年人保护办公室等)和服务对象(家委会和社区委员会)。按照规定,监事会的主要成员来自学校的服务对象——家长,且须占监事会成员的 80% 以上,理事会成员中家长代表须占 20% 以上。

从上述结构中可见,家长是学校治理结构中的治理主体之一。具体而言,在学校"法人治理结构"中安排了校级家长委员会的主席参与决策和管理工作;理事会的家长代表定期召开全校家长委员会,通过宣传学校介绍、交流互动,让家长全面了解学校动态与发展,组织家长参与学校工作的评议与监督;家长代表共同参与校园网络平台的信息公布,把家校互动的实施情况与实施内容实时发布,形成教育合力。在这样的治理架构下,家长作为学校治理主体可以站在家长立场向学校提出诉求,对学校的教育教学工作提出意见和建议,让理事会其他成员了解目前家长在养育孩子方面的困惑和家庭教育指导需求,还可以拿出具有可操作性的意见和建议提供给理事会。"监委会"的家长委员每月一次走进校园,和师生们一起体验一天的校园生活。理事会成员中的家长收集理事会其他成员的资源与信息,并及时提出合理化建议。如此,学校通过治理结构改革,让家长真正成为可以发挥促进学校发展"作用"的治理主体,从而保障家长参与学校教育各项权利的实现。

公办学校如此,民办学校和具有国际化背景的国际学校由于家长参与学校的意愿更大、诉求更多,更加注重治理结构改革,并希望通过改革引领家长参与学校治理,让家长合理表达诉求,共同促进学校发展。

上海市大宁国际小学是具有招收境外学生资格的公办小学,家长的学历层次普遍较高,民主意识较强,对孩子的教育期待高,他们非常希望参与学校事务,借此一是了解孩子在校的表现,二是促进学校的发展。学校建校以来,校方逐步体会到,家长通过参与学校各项活动,能够更多地了解学校的教育教学理念和要求,促进家校合作,提高办学质量。由此,学校开启治理结构改革,组织成立由社区、家庭和学校三方代表构成的教育议事委员会。教育议事委员会共

---

① 郁琴芳.家校合作 50 例:区域设计与学校智慧[M].上海:华东师范大学出版社,2018:121.

14 名委员,其中学校代表 5 人,含校长、书记、工会主席 3 人以及中层代表和教师代表各 1 名;社区代表 5 人,含学校所在街道办事处、周边对应四个主要社区各 1 名代表;家长代表 4 人,由学校校级家委会推举产生。教育议事委员会每两年进行一次换届。

教育议事委员会是学校—家庭—社区合作发展的最高组织机构。教育议事委员会的家长代表由家委会推荐产生,代表家委会发挥协商、参与等职责,家委会在教育议事委员会指导下,可以相对独立地组织和行使其参与学校教育教学的各项权利。具体架构如下所述。

教育议事委员会的定位:教育议事委员会是学校、社会(社区)和家庭共同促进学校教育、管理、发展的协商组织;全面贯彻国家教育方针,围绕"大宁国际,微笑每一天"的核心办学理念,努力打造"负担轻、质量高、资源活、口碑好"的现代小学。

教育议事委员会委员的权利和义务:教育议事委员会具有知情权、参与权、建议权、监督权和评估权,并围绕这些权益进行相应的机制创新。

教育议事委员会的运作机制:(1)定期和专题听证、建议和决议机制。教育议事委员会听取校长的学期工作计划,校长针对重大活动和问题进行解释与答疑,并对部分内容进行适当建议;期末听取学校工作小结,并对学期工作做出评估。议事委员会还会在学期中不定期就某些问题进行专项研讨,针对学校教育教学的重要事项进行听证和协商。另外,学校为了加强社区和家长对教师发展的监督和促进,也将学校特色的教师评价方案,学校"魅力教师"评选标准和流程、学校"受学生爱戴的好老师"实施方案等进行针对性的听证、建议和监督,为完善学校的教育机制发挥了应有的作用。(2)议事委员会委员提案机制。鉴于议事委员会委员相对松散的家庭分布,在应知应会通晓的基础上,发挥议事委员会成员参与学校事务的权利,经教育议事委员会协商,确立提案这一基本机制,提案以书面和电子方式都可以。提案机制的好处有二:其一,解决实际沟通条件的限制,能够保持相对通畅的沟通渠道;其二,能够将个别意见提升为集体意见,有利于矛盾问题的解决和处理。[1]

根据课题组的调查数据,大约有 52.85% 的学校(幼儿园)有"学校治理委员会、校务委员会或学校议事会(学校、社会、家庭三方共同商议学校事务的机构)",家长作为学校治理结构中的主体参与学校决策。上海市虹口区凉城第三小学旨在促进多元主体参与的法人治理结构改革和大宁国际小学教育议事委员会的成立,以及某幼儿园园务共治委员会的设立,实质上是通过对学校治理结构的改革、完善学校治理结构,发挥家长在学校治理中的重要作用,落实家长对学校教育的知情权、决策权、监督与评价权。

3. 建立家长参与学校决策的工作机制

在学校治理实践中,家长参与学校决策更多的是通过学校建立的独立的家长参与学校决策机制,这些机制往往是学校根据校情和家长情况而设计的,具有浓厚的校本特色。

---

① 郁琴芳. 家校合作 50 例:区域设计与学校智慧[M]. 上海:华东师范大学出版社,2018:107—110.

学校要在学校管理层面注重指导团队建设和顶层设计。学校应组织成立具有共同信念和蓝图的行动团队,团队成员应该包括学校、家长与社会代表。各成员之间是伙伴关系,团队的任务包括:建立共同目标,共同商讨学校重大事项,召开定期会议,确保学校规划和教育教学计划的顺利开展。

上海市新中高级中学成立了家校社协同育人领导小组(见图3-1),定期组织家校社三方商议学校重大事项。除了建立三位一体领导架构外,对于传统的家校合作形式进行了完善和升级。目前在校级层面上有三个主要职能部门,分别是校级家委会、家长智库和家长学校。家委会是家长参与学校管理、监督、重大事项决策的主要机构,也是家长行使知情权、参与权、评价权和监督权的主要途径。家长智库是学校办学的智囊团,为学校解决课程改革、活动设计、资源整合、生涯规划等关乎学生发展问题出谋划策,协助学校协调由责任边界不清等原因而导致的家校矛盾等。家长学校是学校联合各类社会资源为家长提供的学习平台,定期为家长提供家庭教育的专业指导和分享经验。[①]

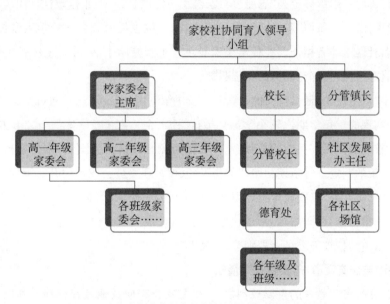

图3-1 上海市新中高级中学家校社协同育人领导小组框架

学校治理是一个持续性的、多主体互动的过程。因此,在学校治理过程中,凡是涉及学校和学生的重大事项必须充分听取家长意见。学校建立家长听证制度,在制订发展规划、实施重大决策前,通过听证与家长进行充分沟通,让每一位家长都有充足的机会表达自己的看法,家校双方互相商讨,达成共识。

---

① 苏晓云.高中家校社协同育人机制建设的实践研究——以上海市新中高级中学为例[J].现代教学,2021
(5B).

上海市继光初级中学设立"一事一议"家长听证制度,其目的是"依法对学校事务做出决策,及时了解家长、学生的需求,让家长、学生了解学校的情况,并以最快的速度回应家长、学生中的热点问题,更好地寻求家、校合作解决问题的方式和方法"。[1] 通过家长听证制度,学校中凡是与学校发展、学生成长密切相关的重大事项(学校管理、教学改革、家长开放日、年级活动、班集体建设等),都有家长参与其中。在参与学校决策的过程中,家长与学校及教师之间加深了理解,建立起相互信任的关系。

上海市闵行区汽轮小学的"家校管理委员会双主任制"是家长参与学校治理的成功案例。汽轮小学作为曾经的工厂子弟学校和如今招收大量流动人口子女的公办学校,始终把做好"家校互动"工作作为办好学校的一个基本策略。根据学校的实际需要,学校组建了"三级九部"家庭教育指导委员会,"三级"即"班级、年级、校级";"九部"指"参与决策部、课程督导部、安全护校部、学习交流部、健康营养部、激励评价部、活动策划部、信息网络部及乡韵传播部";参与家长占在校学生数的 45%。学校为他们各自订制了一件紫色马甲作为标识,冠名"汽小紫马甲行动",并将家长志愿者组织界定为"志愿参与家校互动公益服务"的非行政性社团。家校管理委员会实施"双主任制"。所谓"双主任",即两位主任,一位主任由一名在校学生家长担任,另一位主任由一名社区工作者担任。在校学生家长主任主管校园生活;社区工作者主管学生校外拓展实践,两位主任各自都有明确的岗位职责。

汽轮小学"双主任制"最具意义的是其对学校决策制度的变革,这是通过实施"五方联动听证议事制"而实现的。每学期汽轮小学都会举行"社·企·家·校·军"——"五方"联动听证议事会,让学校能够深入广泛地听取社会、家长的意见和建议,让社会各方力量和资源共同参与学校重大决策的制定。每学期初始,"紫马甲"家校管理委员会成员便开始策划听证会议题。每年寒暑假,"三级九部"家庭教育指导委员会成员兵分三路(社区街道、所在企事业单位、子女同龄小伙伴)采集信息,调研需求,形成议题,并提请校级"九部"讨论协商,大家达成共识后将议题反馈学校,由学校校务委员会甄别选取"最先发展区"。[2]

(三)建立沟通与交流渠道,落实家长知情权

知情权是家长参与教育的重要权利之一,也是家长行使其他教育权利的基础。家长有权知道学校教育教学情况及孩子的在校表现。学校有义务、有责任向家长提供孩子在学校学习与生活的相关信息。家长对学校教育治理参与权的落实从保障家长的知情权开始。为保障家长享有充分知情权,学校应该创造充分的条件,建立多样化的沟通与交流渠道,尽可能地满足家长了解学校办学情况以及孩子发展情况的需要。

---

① 郁琴芳.家校合作50例:区域设计与学校智慧[M].上海:华东师范大学出版社,2018:217—222.
② 郁琴芳.家校合作50例:区域设计与学校智慧[M].上海:华东师范大学出版社,2018:97—99.

1. 保障家长委员会的知情权

家长参与学校教育,首先要了解学校,了解校长、班主任、任课老师,还需要对学校的教育愿景有深刻的了解,在了解的基础上的参与也会更有效率。家委会是广大家长和学校之间沟通的纽带和桥梁。学校有关方面应当将办学活动中的重要事项,特别是涉及学生利益的重要事项,及时向家委会通报,听取家委会的意见和建议。家委会再将信息传达给广大家长,从而落实家长的知情权。

2. 建立高效的沟通与反馈机制

学校可以充分利用互联网工具建立沟通平台,通过学校网站、微博、微信公众号以及微信群、校长电子信箱等各类媒介,建立家长与家长之间、教师与家长之间、学校领导与家长之间的沟通渠道和沟通网络。学校定期发布办学情况信息,为家长提供有关学校的最新资讯,如有关课程教学、师资队伍建设、招生、毕业等方面的信息。

很多学校建立家长反馈制度,定期以问卷调查或约谈的方式听取家长对学校各项工作的意见与建议,旨在让家长在与校方积极沟通与反馈中了解学校教育教学及孩子的成长过程,并能积极参与学校事务。

通常情况下,学校会就三类事务与家长进行交流,以及时了解家长的意愿:一是关于学校发展的重要事项,如新规划制订、重大事项决策等;二是请家长对学校教师工作进行反馈,如班主任工作以及教师教学情况等;三是就学生发展情况与家长沟通。例如,某幼儿园就本园"十四五"发展规划,以问卷的形式听取家长对规划的意见和建议,并请家长"畅所欲言,献计献策"。问卷主要包括以下问题:

> 您是否认同我园的办园理念/办园目标/培养目标?
>
> 您认为幼儿园目前最大的发展优势是什么?
>
> 您认为幼儿园目前可提升的空间有哪些?
>
> 您认为幼儿园安全设施与安全工作举措还需哪些改进?
>
> 您认为幼儿园的房舍、设备以及环境还需哪些改进?
>
> 您对幼儿园目前的卫生保健工作有哪些建议?
>
> 您希望园方为您提供哪些方面的指导和帮助?
>
> 您对幼儿园未来五年发展还有什么想法和建议?

以上问题涉及幼儿园的发展愿景、培养目标、课程教学、卫生保健、家庭教育指导需求等各个方面。通过对每位家长的问询,幼儿园可以充分了解家长对幼儿园的期望,并将具有建设性的家长意见吸纳入"十四五"发展规划之中。

3. 创新学校公示制度

让家长对学校"知情"的传统做法是启用"公示栏",如每周初或每学期初将一周或一学期学校教育教学的重点内容以公示栏的形式,通过校园网、学校橱窗、班级 QQ 群、微信群等方式公布,让家长及时了解并反馈。但具体到哪些内容需要公示、哪些内容必须公示、哪些内容适合公示等问题,则每所学校有不同的理解和做法。

上海市霍山学校就此问题开展学校办学情况公示机制的研究。① 家长参与学校治理的方式以及内容会因家长本身的情况而不同。霍山学校学生家长的主要特点是,外来务工人员家庭占学校总家庭数 66.5%,多数家长文化学历不高。为了让家长了解、支持、信任学校工作,霍山学校启动面向社会、家庭的办学情况公示的实践探索。学校公示的内容主要围绕学校发展、教师发展、学生成长三个方面,具体包括:学校办学行为,政风行风建设,招生计划及其他相关信息,学校课程计划,教育教学活动安排,教育收费,帮困助学,学校、社区、家庭互动工作,学生的校服、午餐、保险等工作。

学校发展方面:学校章程、办学理念、培养目标、规章制度、规划方案、课程方案和课程计划、环境改建、设备安全、招生方案、教材征订、教育收费、社区联席活动、校园开放日活动、艺术节、运动会等大型活动等。

教师发展方面:师德要求、政风行风要求、"我心目中的好老师"教师评选活动等。

学生成长方面:好习惯养成教育要求、伙食标准、校服征订、作业内容、作业用时、学校作息、初三推优、学生评比、素质评价、健康体育、家委会工作等情况。

"公示"的目的一是让家长知晓,二是听取家长意见。霍山学校的"公示机制"不仅保障了家长的知情权,而且促进了家校直接的相互理解与信任。通过家长对公示内容的反馈,学校可以获知哪些方面需要改善、提升,从而提高教育质量。而家长知情权的落实也为家长实施其他权利,如决策权、监督权奠定了良好的基础。

4. 组织以促进家校理解为主要目的的家校活动

促进家校理解的活动旨在让家长了解学校教育教学活动情况、学校的课程计划、教师的教学情况以及学生在校表现等,从而让家长更好地理解学校、理解教师,更有效地参与学校治理。学校教育者尤其是班主任是活动的主要策划者、组织者、实施者,必须能够激发家长参与家校活动的热情与主动性,引导他们积极参与,通过活动增加家校之间的理解。

具体而言,校方可以通过让家长以"走进来"的方式进入学校,以更深层次地了解学校,比如校园开放日以及各类家校活动等都是学校通常采取的做法。家长开放日活动可以让家长们能够更加直观地观察教师如何上课,更清楚地了解自己的孩子在学校的表现。

除了学校家长开放日之外,上海金山区探索在全区范围内开展"家长开放日"。每年的 4

---

① 郁琴芳.家校合作 50 例:区域设计与学校智慧[M].上海:华东师范大学出版社,2018:137—141.

月,金山区家庭教育促进会和金山区教育局联合组织为期十天的全区中小学、幼儿园"家长开放日"。区家庭教育促进会还组织了"金山家长看教育"系列活动,通过微信群接受全区家长自愿报名。"这一制度旨在进一步增强家校沟通,让家长走进校园,全面了解孩子在学校的学习生活;让校园敞开校门,全面接受社会、家长的监督和评估。"为了让全区家长更好地了解学校,在"家长开放日"活动中,各中小学、幼儿园结合建校纪念日、校园文化节、运动会等开展了主题鲜明、内容丰富的"家长开放日"活动。例如,学府小学、金山小学、金山初级中学、金卫中学、蒙山中学,以及接受来沪随迁子女就读的民办查山小学等学校热忱欢迎全区家长来访。[①]

家长开放日是全校性活动,其目的是促进家校沟通,能使家长更好地了解学校,更好地促进学校的教育教学活动。但是很多时候,学校为家长提供了机会,但是家长并不"上心",这让"家长开放日"的效果大打折扣。为了让"家长开放日"达到应有的效果,学校要把"家长开放日"的流程提前告知每一位家长,并对家长做出真诚的邀请,并具体指导家长可以看什么,怎么看,请家长学会做一个"有心人"。

为了让更多的家长参与活动,学校在组织学校各项活动时,还应考虑活动的形式、时间与地点。例如学校可以调查家长最有可能参与学校活动的时间,以提高活动出席率。每次活动开展之后,学校应该注重听取家长的意见和建议,如可以通过家长问卷的方式,了解家长对活动内容和形式的反馈。学校还可以通过校园网校长信箱、专线电话等多种渠道,听取家长的愿望和诉求,以便能及时调整各项管理措施,优化课程内容和教学方式,提高教育教学质量。

(四) 构建监督与评价机制,落实家长监督与评价权

监督与评价机制是保障学校治理健康有序的重要机制,也是学校内部治理制度的重要组成部分。监督和评价权是家长对学校各项事务进行监督与评价的权利,即在学校治理机制这一大框架下,学校通过建立家长参与的学校教育质量监督与评价机制,让家长走进学校,依据教育法律法规对学校各项教育教学工作进行监督、检查与评价。家长督学以家长立场,通过家长视角检视学校教育,协助学校改进教育教学工作,有效提升办学品质。

1. 建立家长督学机制

家长督学机制实质上是一种学校内部监督机制,其与政府部门以督导评估为目的的督学有着本质的差别。"家长"作为督学者的基本职责是:对学校发展及日常教育教学活动进行监督,及时发现学校教育教学及相关工作中存在的问题、不足并提出建议,督促学校加以改进。让家长参与学校监督与评价有利于家长更主动、更直接地参与学校教育,提升学校治理效能。

(1) 设计督学详细规程,使家长督学常态化

以学校为主导的家长督学,并不是家长的自发组织行为,而是在学校教育者的专业指导下

---

① 郁琴芳. 家校合作 50 例:区域设计与学校智慧[M]. 上海:华东师范大学出版社,2018:55—60.

以家长为督学主体进行的督学。各个学校根据实际情况,建立符合学校实际的督学机制。

上海市晋元高级中学附属学校的家长督学制由学校政教处和家委会进行双重领导。所有学生家长只要向政教处或家委会申请,都有权利进校参与半天时间的督学工作。① 在普陀区教育学院附属中学,任何一位家长在自己孩子在校生活的 8 小时内可以预约到校进行督学。对于家长的肯定与褒奖,学校通过各种渠道及时向教师反馈,激励大家持之以恒、再接再厉;针对家长的质疑和困惑,学校择时调研、整改、反馈和解释,做到事事有沟通、项项有反馈。②

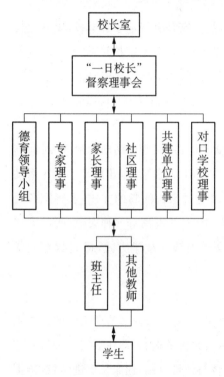

图 3-2 "一日校长督察制"组织框架示图

上体附中附属小学(原杨浦区世界小学)的督学团队由区域内教育教学专家、学校共建单位代表、社区实践基地代表、学校领导及家长代表共同担任。学校探索出"一日校长督察制"工作模式(见图 3-2)。③ 学校赋予"一日校长督察理事会"学校发展的规划权、重大事项决策权、全校工作督导权,而且在学校章程中明确规定人员安排、基本职能、工作流程,使之成为家长参与学校治理的重要组织。作为"督察理事"的家长代表家长群体参与督学活动,并在活动中履行自己的职责。

上海市长青学校探索"家长督学"机制,学校家庭教育工作领导小组是"家长督学"的领导机构。家委会是学校的常设机构,在"家长督学"工作中具体负责组织与安排、材料的收集与整理、意见的处理与反馈、与学校共同召开家长督学工作座谈会,对参与督学的家长进行指导。作为核心主体的"家长督学团"成员,由家委会成员担任。"家长督学团"是代表广大家长对学校办学实施监督、对学校管理提出建议并督促学校改进工作的家长自治组织,督学团依据有关教育法律、法规对学校各项工作进行监督、检查与评价。④

(2)明确督学内容与流程

由于家长不是专业的教育者,对于"督"什么、如何"督"等的理解并不专业,因此需要学校教育者的指点。学校必须明确家长督学的内容与流程,并给予家长较为详细的操作指南。

① 郁琴芳.家校合作 50 例:区域设计与学校智慧[M].上海:华东师范大学出版社,2018:320—324.
② 王雁.多元互动 向阳成长——"适合教育"理念下家校互动的新模式[J].现代教学,2023(6).
③ 郁琴芳.家校合作 50 例:区域设计与学校智慧[M].上海:华东师范大学出版社,2018:325—330.
④ 李静.家长参与学校教育 奏响家校合作变奏曲——上海市长青学校家校合作新机制的实践研究[J].现代教学,2021(5B).

上海市晋元高级中学附属学校细化家长督学制度的流程和具体要求，为家长督学提供具体的导引。规定家长在为期半天的督学时间内，需完成"七个一"的督学工作，即"听一节随堂课，与老师做一次交流，与同学做一次沟通，与领导做一次访谈，完成一张问卷，巡视一次校园，完成一份督学报告"。学校制作了《家长督学指导手册》，将督学的书面材料作了表单化设计，家长只要依照表单引导就能顺利做好督学的相关工作。督学当天，家长到学校政教处领取参与督学的材料袋，内含督学标牌、督学说明书、听课评议表、督学问卷和督学格式报告。督学结束后，家长把相关材料交给政教处或家委会。政教处会同家委会将督学材料按月进行汇总。督学中家长反映的重大问题须及时报校长室，校长室责成学校相关职能部门对问题进行处置，处置后由政教处或家委会及时回复家长。学校不定期举办家长督学研讨会，对家长督学工作进行指导、交流和沟通，并表彰在家长督学工作中做出贡献的家长和教师。[1]

（3）建立有效的督学反馈机制

通过家长督学，家长给学校提出了很多宝贵的意见和建议。如何反馈给学校管理层面，并能够顺利解决，直接关系到家长督学制度能否有效有序运行。如晋元高级中学附属学校妥善处理家长的意见和建议。学校在认真分析研究对家长督学意见的基础上采纳实施并回复感谢家长。当然，因家长并非精通教育的专业人士，所以家长督学的意见和建议不一定妥当。遇到这种情况学校会进行知会说明，征得家长的理解。此外学校每月召开一次"家长督学制"工作例会，通报工作情况，研究处理家长的意见和建议。对于家长督学提出的合理意见和建议，学校各个相关职能部门进行整改，并及时向家长做好反馈。

家长督学制的实施保障了家长对学校办学的知情权、决策权、监督权和评价权。家长督学制的制度设计增强了家长的责任意识。当前，学校家长督学机制的探索面临一些问题和挑战，比如，学校如何对家长督学发挥好引导作用？家长督学和家委会的关系如何协调？如何提高家长督学的水平？当家长督学提出的建议与学校的专业教学原则冲突时怎么办？教师不支持家长督学怎么办？这些问题都需要学校在实施过程中探索解决。

2. 探索家长评价机制

现代学校治理视角下家长参与学校评价可以理解为家长作为治理主体之一，通过一定的方法、途径，自愿、主动地介入到教育教学活动中，对学校教育教学计划、活动，以及教师教学状况、学生发展水平等做出评价的过程。探索家长参与学校评价，引导家长合法、合理地对学校教育进行评价，是推动学校治理现代化的必然要求。

首先，对学校教育评价的权利，是家长作为公民在国家公共事务中行使合法权利的体现，家长有权利对学校进行评价。根据世界各国经验以及国内相关法律，家长参与学校评价的法律权利最少包括三个层面：作为学生监护人对学校教育的评价权；作为购买学校教育产品的客

① 郁琴芳. 家校合作 50 例：区域设计与学校智慧[M]. 上海：华东师范大学出版社，2018：320 - 324.

户对学校教育的评价权;作为纳税人对公共服务机构工作实施情况的评价权。因此,在教育治理现代化背景下,"家长满意"应该是学校办学的指导思想和重要任务,是评价一所学校是否是优质学校的核心标准。

其次,学校教育教学质量的提升需要家长参与评价。家长对学校进行评价的过程也是家校协同的过程,有助于家长和学校形成合力,更好地促进学生的发展。一方面,家长通过参与学校教育评价,可以增加学校与家庭之间对话的机会,促进家长对学校的理解,促进学校与家长、社会的沟通和交流,这有利于二者形成建设性的伙伴关系。另一方面,家长在参与学校教育评价过程中提出的意见和建议,对学校和教师工作的改进有重要的参考价值,有利于促进教育教学的改进。

再次,我国已经为家长参与学校评价提供了政策与法律依据。早在2002年《教育部关于积极推进中小学评价与考试制度改革的通知》就提出重视学生、教师和学校在评价过程中的作用,使评价成为教育行政部门、学校、教师、学生和家长共同参与的交互活动,要建立以学校自评为主,教育行政部门、学生、家长和社区共同参与的评价制度。

目前,很多学校已经做了有效的探索,这些学校通过制度设计,让家长对学校教育教学活动进行评价,并取得了良好的效果。

（1）设计科学的评价工具

家长参与学校评价的最终目的是优化学校决策,改进教育教学,提高教育质量,促进学生全面发展。家长不是专业的教育评估专家,甚至很多家长觉得自己并"不懂教育",那么关于家长评价什么,如何评价等就是需要学校解决的关键问题。在这方面,上海市丰镇中学的做法值得借鉴。

上海市丰镇中学基于学校家长情况设计了5种评价工具。一是行风校风建设问卷调查表。为促进行风校风建设,学校开展"行风建设公开承诺"活动,并在指定地点和相关场合进行公示和告知,广泛接受社会和学生及家长的监督。学校通过问卷调查来接受家长的监督,以评促改,以评促建,督促学校更好地全面贯彻党的教育方针和实施素质教育,进而确保学校工作计划提出的各项目标和任务顺利完成。因为有了问卷调查,学校的各项工作都非常规范,从没有出现向学生收取除活动费、餐费外的费用,而且每次收取活动费、餐费时都向家长发放征询意见表,征询家长的同意。二是班主任工作评价表(家长用)。为规范班主任的工作行为,完善班主任考核制度,每学期班主任工作考核中,学生和家长的评价各占10%的比例,从班风建设、家校联系、廉洁从教、爱岗敬业、热爱学生、个人修养、工作艺术、综合能力8方面对班主任引领班级能力作客观评价。比如有家长向学校建议:有一位老师的工作量太大,精力不济,因而不能全身心地投入班级工作,学校及时调整了这位老师的教学工作量,从而提高了工作效率。三是家长开放日活动反馈表。每学期学校"家长开放日"活动,包括德育活动、听课活动,邀请家长走进校园走进课堂真切地感受孩子的校园生活,认真聆听孩子的心声,体验教师的因材施教,多维度地评价学校工作和教师的师德师能。四是校纪校风及行为规范评价表。家长志愿者通过校园执勤,从学生仪容仪表、行为习惯、遵守交通等方面评价学生行为规范。学校从街道、居委会、派出所、附近商店等处筛选关心教育、社会责任感强的家长为校纪校风校外监督员,他们以《中学生守则》和《中学生日常行为规范》为依据,对学生在校外的行为规范特别是违纪违规进行监督和批评教育并反馈给学校。五是学校伙食状况满意度评价表。学校食堂问题一直是困扰学校多年的一个问题。学校召开家长、学生座谈会,与食堂人员面对面座谈,针对问题敦促食堂进行整改。邀请家委会和家长代表参观学校食堂和食堂操作间并品尝饭菜,了解食品原料采购、储存、加工制作流程等工作情况,参加体验的家长将就餐的感受记录下来、对饭菜的质量等内容作出评价,然后将这些评价反馈给学校食堂,以供整改参考。家长参与食堂的监督管理确保了学校食堂食品安全,解决了家长与学生的诉求。

丰镇中学家长参与学校评价的效果是显著的:"家长参与学校管理的主动意识明显增强,家长对学校评价能力得以增强";家庭亲子关系更加融洽,学生在校内外行为规范有了根本的改变;家长的评价促进了教师专业能力的增强,学校办学质量得到家长和社会的普遍认可。丰镇中学在探索家长参与学校评价机制建设过程中,考虑到家长大多数是外来务工者这一特点,确定了家长易于操作的评价形式,包括《行风校风建设问卷调查表》《班主任工作评价表(家长用)》《家长开放日活动反馈表》《校纪校风及行为规范评价表》《学校伙食状况满意度评价表》等。并根据家长的实际情况,着力对家长进行评价指导,尤其是注重让家长了解学校的办学理念,对家长进行一些实用的教育学、心理学知识培训,对评价目的和内容、评价过程和程序,以及如何使用评价工具或技术等方面对家长进行培训,以增强他们参与评价的意识、信心和能力,使家长真正了解了教育评价及其意义,并进而对教育做出科学、合理的评价。[①]

(2) 加强家长培训,增强家长评价能力

学校在落实家长评价权利的同时,应注重对家长进行相应的培训。因为,家长作为非专业人士,即使手中有评价工具,也需要学校对家长进行适当的指导与培训。

例如,石岚新村幼儿园为了让参与课程监测的家长"技术落地",在每次课程监测前都会组织家委会代表进行监测前培训。监测指标好似一把标尺,这把尺怎么握、怎么量也是需要有章法的。因此,园方会把每一条指标的监测方法介绍给家长。如家长应该怎么提问,如何观察,怎么评判,有时细致到站位、手势、语气都会进行详细的说明。通过集中研读指标,教师将监测表中所蕴含的教育内容、理念以及孩子在监测现场可能会有的表现一一详细介绍给家长。这种有针对性的培训,让非专业的家长能够尽可能快速理解监测任务,掌握参与监测的方法。

(3) 营造民主的评价氛围,消除家长的顾虑

在实际的家长督学实施过程中,经常会出现这种情况,即家长因担心自己对学校的批评可

---

① 刘静. 现代学校制度建设背景下家长教育评价权的实施策略[J]. 现代教学,2016(11B).

能会导致学校和老师对自己不满,而不敢讲真话,尤其是对他们发现的教师身上存在的问题,更不愿意反馈给学校,从而让家长督学与评价变成一种"形式"。所以,学校必须营造平等、开放、民主的氛围,消除家长的顾虑,家长才能以客观公正、负责的态度履行自己的职责,向学校"勇敢"说出自己的意见。

二、家长依托家长组织参与学校决策、监督与评价

家长作为学校治理主体,更多的时候不是通过个人,而是通过家委会来参与学校治理。家委会是家长全面参与学校决策、教育过程、监督、评价和管理的组织机构。一个称职的家委会,应该参与校务发展及有关学生权益事务的决策过程。学校也应该建立家委会参与学校治理的工作机制,以家委会为依托,落实家长参与学校治理的各项权利。

(一) 家委会在学校治理结构中的定位

家委会是由本校学生家长代表组成,代表全体家长参与学校民主管理,支持和监督学校做好教育工作的群众性自治组织。家委会是现代学校制度的重要体现,是学生家长主动参与学校管理和监督工作的民间组织,是维护学生和家长合法权益的自治组织。2012年教育部印发的《教育部关于建立中小学幼儿园家长委员会的指导意见》(以下简称《指导意见》)指出,各地教育部门和中小学幼儿园要从办好人民满意教育的高度,充分认识建立家长委员会的重要意义,把家长委员会作为建设依法办学、自主管理、民主监督、社会参与的现代学校制度的重要内容,作为发挥家长在教育改革发展中积极作用的有效途径。《指导意见》要求有条件的公办和民办中小学和幼儿园都应建立家长委员会,并且明确了家长委员会的职责和作用。中小学应当按照规定要求,组织设立家委会,指导家委会工作,完善家委会制度建设。家委会制度建设,应当按照现代学校制度建设的基本要求。

1. 家委会的职责

根据《指导意见》,以及现代学校治理的要求,家委会具有以下职责。

知情与了解:包括了解学校年度工作计划和实施情况;了解学校有关学生事务的重要规定;了解学生在学校的表现,等等。

代表家长参与学校决策与管理:包括对学校工作计划和重要决策,特别是事关学生和家长切身利益的事项提出意见和建议;协同参与学校事务管理,参与学校教育发展等重大事项的协商;对学校全方位工作提供建议、反馈、协调、监督和评估,等等。

参与学校教育教学活动:包括为学校的教育教学活动提供各种形式的支持与服务;力所能及地协助学校解决办学中的问题,争取各方面资源,不断改善办学条件;协助学校组织开展各类活动,等等。

沟通学校与家庭:包括向家长通报学校重要工作计划和关涉学生事务的重要决策,听取并

转达家长对这些计划与决策的意见和建议;广泛收集家长对学校的意见和要求,并及时反馈;向学校及时反映家长的意愿,听取并转达学校对家长的希望和要求,促进学校和家庭的相互理解;协调学校与家庭、社会的关系,使家庭教育、社会教育与学校教育形成合力,等等。

协助学校组织家长培训:包括动员家长积极参与学校家长培训课程;组织建立家长组织,引领家长开展自我学习活动,引导家长树立正确的家庭教育观念,提高家庭教育水平;推动家长自治,增强家长参与能力,等等。

班级家委会是代表班级家长履行家长权利与义务的组织。班级家委会的主要职责是参与班级管理,其具体职责包括:协助教师进行班级管理;协调家长与班主任以及任课教师之间的关系;倾听家长的意见,对班级工作进行监督、评议和协作;推动家班共育,协助班主任组织策划班级亲子活动、主题沙龙等活动,尽其所能为学校提供各种教育资源,协同参与教师开展教育活动,等等。

2. 家委会委员应当具备的条件

目前,一般学校是通过家长委员会章程规定"家委会委员应当具备的条件"。如某幼儿园在《家长委员会章程》中提出,"委员会成员应认同幼儿园的教育方针,密切合作,为把孩子们培养成身心健康、主动学习、习惯良好、分享互助的目标而共同努力;委员会应积极倡导幼儿园的教育理念,发挥模范作用"。即认同学校办学理念和教育目标,支持学校教育教学工作,且能够发挥对其他家长的模范引领作用是家委会成员必备的条件。更具体的要求则包括诸如,具有"先进的教育理念和科学的教育方法","有奉献精神,热心公益事业,自愿为学校教育教学工作提供义务服务,有时间、有精力参与有关工作","具备一定的组织协调能力和参与议事能力","在家长中有较大的影响力","能够在学生及家长中发挥表率作用",等等。

例如,一位家长在"家委会成员自荐表"中回答园方"如果您成为家委会一员,你将如何为幼儿园出谋划策"的问题时,是这样回答的:

> 首先,我可以帮老师分担一些教育之外的琐事。刚开学那段时间,我看到老师们每天白天照顾孩子们,下班后还要忙着和各位家长沟通,还要为"好奇和担心"孩子在幼儿园表现的家长制作照片视频等,本来刚开学老师的教学工作就已经够多了,老师还要忙这些事情,老师真是太辛苦了!如果有幸成为家委会的一员,我愿意帮助老师分担这些工作,让专业的教师能够腾出更多的时间做专业的事情,也得到更好的休息。其次,做好沟通桥梁,能够及时做好幼儿园和家长之间的沟通工作,增进彼此之间的理解和信任。第三,参与助教,如果学校有需要我可以协助教师工作。如协助校园安全工作等。第四,为幼儿园发展出谋划策,支持幼儿园各项活动。

从家长的回答中可以看出家长对家委会委员的职责定位可以概况为"四个有":一是"有责

任心",即认同学校办学理念,关心学校发展,有为全体家长服务的责任心,也有参与学校治理的责任感;二是"有能力",有一定的组织协调能力、语言表达能力和组织管理能力,能为学校与家长沟通建起桥梁;三是"有时间",有足够的时间从事家委会各种繁琐的工作;四是"有资源",可协助学校开展活动,可以支持学校教育教学。

(二)家委会组织与职能创新

无论家委会、全体家长、教师还是学校,都有着一个共同的目标——提高教育教学质量,为孩子营造一个理想的学习环境,让他们健康快乐地成长。为了发挥家委会参与学校教育的积极性,助推家委会顺利运行、发挥效能,学校从家委会职能以及工作方式方面予以引导。

上海市金山区朱泾地区小学家校联盟制定《家长委员会工作条例》,保障家长参与学校治理各项工作的有序开展,维护家长对学校教育的知情权、评议权、决策权和监督权。学校家长委员会下设五个职能部:安全委员会、关爱委员会、协调委员会、终身学习委员会、志愿者委员会,五个职能部门各司其职参与学校管理,以提高家长参与学校教育的积极性与有效性。

在大力推进教育综合改革的进程中,浦东新区积极探索"家校社合作协商共建制度",鼓励家庭与学校相互配合、共同努力,形成一种新型的伙伴关系,谋求多元主体的互联共育、合作共赢,促进家庭和谐发展和学生全面成长。在家长自治组织建设方面,浦东新区制定了《关于进一步加强中小学幼儿园家长委员会建设的实施意见》,形成了"家委会"的浦东标准。例如,上海市浦东新区第二中心小学在学校为家委会专门设立了办公室,校家委会实行"家长驻校"轮值制度,每周安排家长驻校,驻校家长参加学校升旗仪式和学生早操、"阳光一小时"体育锻炼等活动,观察师生的精神面貌,观察学生行为规范,进行课间安全巡视,走进课堂听课,全面了解教师的教育教学情况,检查食堂卫生,监督学生的午餐质量等。学生放学后,驻校家长与校长或负责人进行面对面的交流、沟通,有效地对学校、教师的教育教学、管理活动实施监督,提出意见和建议。校务会集中讨论家长的意见,再反馈给驻校家长,促进学校、家庭的和谐关系,争取家长的理解和支持。[①]

上海市虹口区第六中心小学为了进一步发挥家长委员会的主体作用,让家长在学校治理中"有位有为",设立了"三大职能部"及对应的"三员制",即视导部、协理部和指导部下设的视导员、协理员和指导员。[②] 视导员,主要负责观察家校间的情况,将发现的"问题"提供给校方或家委会,通过客观分析给出初步建议。根据需要视导制度分为"一日视导制"和"日常视导制"两类。"一日视导制":家长通过观察了解学校一日教育教学常规管理工作、参加学校的重大会议等,充分了解学校日常管理情况,对学校工作提出意见和建议。"日常视导制":家长视导员在日常观察学生、家长、教师之间的情况,及时传递信息,及时处理一些应急情况,避免家校间

---

① 上海市浦东新区教育局. 构建全覆盖的区域家校社协同育人体系——上海市浦东新区"护航365"家庭教育指导品牌创建之路[J]. 现代教学,2024(3—4).

② 郁琴芳. 家校合作50例:区域设计与学校智慧[M]. 上海:华东师范大学出版社,2018:114.

一些误会的发生。"视导制"的推行,不仅使家长对学校的常态教育教学管理有了直接感性的认识,看到了学校环境的变化,看到了教师们的辛勤付出,同时也对学校管理有一定的促进与监督作用。家校间的信任度加强了,家校合作关系也进一步提升。协理员,是在视导员不能解决问题的情况下或校方接到家长反映后,需要家委会进一步配合听取班级家长的意见等情况时,在家校间进行协调,以达到解决问题的目的。协理员的设立就是希望家长能在各种矛盾的萌芽期就能找到问题的根源,尽早将问题解决在初期。例如,一位协理员在以"六中心"命名的一个 QQ 群里,看到作为版主的家长发出一条帖子质疑学校午餐的质量,而紧随其后有家长跟帖谈论呼应。对于这一事件,协理员在第一时间向学校反映情况,校方紧急启动《家长委员会议事规则》,将全体校级家委会聚集在一起,通过参观食堂,查看学校学生中午用餐情况,并围绕如何树立家长与孩子正确的午餐营养意识、午餐食谱的合理搭配等两个议题展开讨论,最后与学校及食堂代表达成共识。之后协理员就此事情的调研讨论情况在群里予以发布沟通,得到了广大家长的理解认同。指导员,主要职责是对各年级家长开展各种形式的指导活动,协助学校完善家长学校课程建设;为学校教育提供各种资源,丰富学生的社会实践,拓宽学生视野。

"三员制"现已成为虹口区第六中心小学开放办学的引擎,其有效促进了家校互动,实现了学校和家庭"双赢":既可以激发家长积极主动参与学校管理教育教学、督导评价等工作,落实家长对学校教育的知情权、决策权、监督与评议权,使家委会做到"有位""有为",也促使学校教育教学管理更规范科学,促使教师的教育行为不断提升。

上海市实验学校东校为了改变"家委会是学校的附庸,职能主要是服务于学校需要其服务的工作"的境况,制定《上海市实验学校东校家长联合会章程》,规定家长依法享有知情权、发言权、参与权、隐私权、决定权等,教师和学校都应当予以尊重。作为代表全体家长实现与学校平等合作对话的家委会组织,有权就学生培养中的重要问题与学校协商对话。为此,学校确立了相应的共商流程,分"预设—实施—反馈—改进—完善"等步骤。家委会成员在《家委会委员行为指导》的规范下自律有效地开展各项工作,创造性地建立起家委会秘书长负责下的常设机构,在每周 2 个半天的工作日来家委坐班。学校专门设立了学校家委会办公室,接待家长来访,处理学校日常工作事宜;实行财务通报制度,合法支配由家委会募集来的包括奖学金、帮困基金、活动基金和备用基金等爱心基金,并合理使用,使之发挥最大效益。每学期开学和结束,家长联合会都与学校、社区共同就学校工作计划畅谈意见和建议;每月举行工作例会,就学生、家长共同关心的问题提出提案、商讨解决办法,以"通报"形式反馈学校,学校会对这些意见和建议在行政会议上进行讨论并回复。[①]

上海市复兴实验中学认为家委会是"一个能为全体家长代言的组织,一个与学校平等对话的组织,一个对学校事务具有知情、质询、监督、评价甚至部分决策权利的组织,一个敢担当有

① 郁琴芳.家校合作 50 例:区域设计与学校智慧[M].上海:华东师范大学出版社,2018:101—106.

责任的爱心志愿组织"。从完善家委会的机制入手,明确家委会的工作职责,界定家委会的权利和义务,创新家委会的工作方式,不断探索开放办学的方式,家校合作方式也由家庭、社区如何支撑学校教育的"助学"模式向以"彼此促进、资源共享、依法办学"为目标的"督学、治学"方式转变。①

具体而言,在"家长助学"方面,家长积极参与学校各项工作。经学校和家委会的共同协商,每学期各班承担一周家长平安志愿者的工作,家长志愿者在每天学生上学、放学期间,校门口的执勤工作都由民警、保安、老师和家长平安志愿者共同担当。学校还聘请家长和社区居民参与学校的课程建设,利用社区、兄弟学校专家和家长的教育资源,弥补学校课程资源的不足,如剪纸、腰鼓、舞蹈、书法等课程,学校还会不定期开设讲座,如营养学、心理学,等等。家长们参与的积极性被充分调动起来后,成为学校办学的"真正的参与者而不是旁观者",家长助力学校发展也落到了实处。在"家长督学"方面,学校充分利用校园网和微信平台,宣传学校的办学理念和阶段性重要工作,听取家长对学校教育教学的意见和建议,及时答疑解惑;收集和整理家长的意见和建议,利用家长会充分沟通交流。"家长校长"可以来校参观、听课、走访,可以就家长们关心的问题跟校长、班主任、教师甚至学生交流座谈;可以对家长和学生关注的问题着手调研;可以参加各类会议全面了解学校的教育教学状况;参加仪式活动,参加备课组活动,进班听课;参与校务会决策;等。在学校家委会全体会议上,家委会主席汇总"家长校长"们的建议,转达给学校,学校也会及时处理并迅速通报。"家长督学"的实质是让家长更直接深入了解学校实际,畅通与学校的有效沟通,提高教育教学质量。在"家长治学"层面,在决定与学生利益有关的重大事项中,学校邀请家委会代表出席。学生校服征订,学生午餐的质量与价格,优秀学生的评选、推优等都是跟学生的切身利益密切相关的敏感话题,学校尝试让家委会代表出席与上述事项有关的校务行政会议,并享有表决权,得到广大家长的认可。学校将家长参与学校治理的权利写入章程,依据章程推动家长治理从"家长助学"到"家长督学",最终到"家长治学",这不仅是学校管理体制的创新,也是学校治理结构改革、深化现代学校制度建设迈出的重要一步。

(三)家长参与学校治理的组织与机制建设

在现代学校治理视角下,家委会代表家长参与学校治理,学校探索基于家委会架构的家长参与学校组织与机构建设,通过这些组织与机构,引导家长行使权利与履行义务。

1. 成立家长参与学校治理的组织

由于学校家长数量多,大多数家长参与学校治理、履行自身权利是通过各类家长组织间接实现的。宝山区三湘海尚幼儿园考虑到大多数家长参与幼儿园的政策制定、课程管理的机会并不多,为引导家长深度参与幼儿园管理与决策,园方和家委会协商,成立家长自主管理工作

---

① 吴炎."家校互动"常态化,"三位一体"有保障——吴炎校长在虹教系统深化现代学校制度建设推进大会上的交流发言.上海市复兴实验中学微信公众号,2016-09-30.

室,并形成了由家长自主管理的工作室运作模式。①

【案例】

家长自主管理工作室

家长自主管理工作室是由各班的家委会组长构成的家委会核心组织,主要职能是"建议与参谋、沟通与协调、开发与整合、监督与评价"。通过工作室成员自主发现问题、分析问题、解决问题,引领家委会成员和全体家长参与幼儿园管理。工作室设主任1名,副主任2名,委员6名,确保每个年级组有一名家委会代表进入工作室。再从9名成员中推选出1名主任,2名副主任(这3名成员必须涵盖3个年龄段)。工作室下设教育教学组、信息发布组、膳食管理组、安全巡视组。

幼儿园行政和工作室成员共同协商制定了《三湘海尚幼儿园家长自主管理工作室章程》(以下简称《章程》),《章程》成为幼儿园、家庭共同的缔约者并发挥制约各方的作用。《章程》将家长自主管理工作室定位为:幼儿园的参谋和咨询机构,是幼儿园与家庭、教师与家长联系的纽带,是联系幼儿园教育、家庭教育和社会教育的桥梁。主要任务是:协助幼儿园工作,及时反映园内各班家长对幼儿园工作的意见和建议,协助幼儿园组织开展家庭教育经验交流活动。

《章程》还规定了家长自主管理工作室的权利和义务。权利包括:(1)对幼儿园重大活动与亲子活动提出意见和建议的权利;(2)对幼儿园收费情况提出质疑的权利;(3)对幼儿园教育教学工作咨询及提出意见和建议的权利;(4)对幼儿园管理工作进行监督和提出意见、建议的权利;(5)对幼儿园大型活动咨询、提出建议的权利。义务包括:(1)为幼儿园实施国家确定的幼儿教育培养目标,校园安全管理任务而尽力提供服务;(2)为幼儿园规范执行国家法规,树立社会文明形象而进行宣传;(3)为幼儿园正常有序、优质地开展保教工作,提供力所能及的服务;(4)为幼儿园"形成办园特色"献计献策。

建立家长自主管理工作室的工作制度

1. **议事公开制度**:议事公开能帮助工作室成员树立自主自治的意识,并由此激发工作室成员在管理过程中的积极性和主动性。幼儿园将涉及家长委员会的内容都进行公开,根据不同的内容,确定不同的公开途径和方法。

2. **活动策划制度**:每学期开展2—3次集中性工作室活动。其中1次是由幼儿园和家长自主管理工作室共同发起的,主要是针对幼儿园计划、规划的商讨。其余两次由家长自主管理工作室负责发起,幼儿园协助,主要内容也由工作室负责。每月开展1—2次检

---

① 张莉萍. 建设家长自主管理工作室创新家委会工作路径的探索实践[J]. 现代教学,2022(10).

查活动,包括安全检查、每周巡视等。

3. **监督检查制度**:借助家长自主管理工作室这个载体,从家长的角度运用督查、评价的方法对幼儿园管理、教育教学等方面开展监督检查。主要目的是:一方面给予家长了解幼儿园的机会,另一方面督促幼儿园为办家长满意的教育而努力。

4. **教育服务制度**:为了体现参与教育的主体性,幼儿园邀请有专长的家长参与指导和服务工作。如:每月定期参与幼儿园家教小报的编撰、每周担任志愿者参与来园以及活动的协助、每学期担任幼儿营养保健和疾病预防方面的讲座指导、每学期组织家长家教经验的交流活动等。

(本案例由宝山区三湘海尚幼儿园张莉萍提供)

三湘海尚幼儿园家长自主管理工作室通过由幼儿园行政及工作室成员共同协商制定的《章程》赋予的权利,全面且深入地参与幼儿园的各项工作,充分落实了家长的决策权、监督权和评价权等权利,不仅促进了幼儿园的内部治理,也提高了幼儿园教师和家长自身的教育水平。

传统的家委会组织只能吸纳少数家长加入,人数的限定与大部分家长参与学校教育的意愿产生了矛盾。现代学校治理视角下家长参与学校教育具有新的内涵,需要学校在参与组织方面予以探索。学校应根据自身情况,鼓励并指导家长成立以家长为主体的组织,家长借以参与学校决策,行使家长权利,使家长在参与学校各项工作中促进学校教育发展。

虹口区广灵路小学为了落实好家长对学校教育教学活动的知情权、参与权、评议权和监督权,学校探索"家长驻校"活动,包括开展"六个一"体验活动,即管一天班、上一节课、批一叠本子、看一次午餐、写一段感想、提一个建议。通过驻校活动,家长体验到了教师的辛勤付出和学校教育的方方面面,感受到只有家校齐心协力,才能让孩子们更健康快乐地成长。同时,家长也给学校提出了许多建设性意见,双方都受益良多,彼此信任。学校成立了"广学灵动护航队",这是一个由学校参与指导、家长自主运作的家校联合体,学校对各级护航队提出了明确的职责要求。学校和家委会共同商议,把护航队分为三级护航队,即校级护航队、年级护航队和班级护航队。校级护航队主要由校德育主任和各班家委会主任组成,年级护航队主要由年级组长和各班家委会委员组成,班级护航队主要由班主任和各班自荐的家长组成。

由上可知,家长参与学校治理的组织是在学校指导下运作的。如,广灵路小学的护航队是由学校和家委会共同组织与指导,由家委会负责运作。通过这些组织,家长参与到学校教育教学管理中。家长在参与的过程中,不仅深入了解了学校的办学理念、教育教学开展情况和孩子的在校表现,同时也为学校进一步发展提出了有价值的建议。学校则因为有了家长的支持,不断提升自身的教育治理水平。

2. 家长自主运作的"家长导航团"

学校参与指导,家长自主运作,是家长组织参与学校教育治理的特征。作为处于主导地位的学校应指导家长成立以家长为主体的家长组织。这类组织不囿于家委会建制,因而家长的参与面更广,所参与的学校事务也更全面。上海市嘉定区南苑小学组建的"家长导航团"就是这一类组织的典型代表。

南苑小学家长"导航"的内容涉及学校工作的各方面。学校将"家长导航团"界定为"引领组织、智囊组织、探索组织、推动组织、服务组织"。导航团不限人数,家长自主申报,学校根据申报者特长、才能分组,"家长导航员们个个都是驾驭者、组织者、策划者、探索者"。[①] 在对"家长导航团"内涵定位的基础上,学校成立了由校长任组长,分管校长、家委会主任任副组长,以学校职能管理人员、全体校级家委会成员为主要成员的领导小组。领导小组根据学校教育实际情况、家长意愿与专长,谋划了"三大层面六个领域十四项内容"的合作导航体系(见表3-1)。根据导航合作体系,撰写《告家长书》,设计《家长导航员申报表》,并多角度、全方位地宣传动员,号召家长们各尽所知、各出所才,加入"家长导航团"。接着,把愿意参加"家长导航团"的家长根据六大领域进行归类统计,分门别类地建立家长导航资源库。最后,家长导航领导小组根据要求,对申报家长进行权衡、筛选,确定家长导航员名单。这样,"家长导航团"就建立了。

表3-1 南苑小学"家长导航团"导航体系

三大层面	六个领域	十四项内容
学生	"身心维护"巡查督导	● 校园及周边安全巡视 ● 食品健康检查 ● 心灵"按摩"
	"多维义教"幸福课程	● 家长课堂义教 ● 家长社团义教
	"我型我秀"社会实践	● 楼组活动 ● 基地活动
家长	"助我能量"家教互助	● 微经验　作引领 ● 微家访　重自助 ● 微传递　正能量
学校	"参政议政"学校决策	● 家长"议事制" ● 家长"咨询制"
	"减负增效"教学评价	● 课堂教学的诊断、评价 ● 课业负担的诊断、评价

---

① 郁琴芳. 家校合作50例:区域设计与学校智慧[M]. 上海:华东师范大学出版社,2018:344—350.

学校又将"家长导航团"分成"家长导航职能六部",对应的是导航合作体系的六个领域,每部设部长、副部长各一名,由领导小组中的校级家委会成员担任。"六部"分别是:"倾听家长,科学定决策"的参与决策部、"家校合力,和谐促成长"的家教互助部、"拓展渠道,多元育新人"的活动策划部、"聚焦育人,减负且增效"的学习评价部、"关注个性,发展特长"的幸福课程部、"关注安全,为健康蓄力"的安全健康部。"家长导航职能六部"与"学校管理职能六部"实行对接,为"家长导航团"的常态化运行提供保障。

每学期伊始,家长导航领导小组都会共聚一堂,在听取"学校管理职能六部"新学期工作的基础上,"家长导航职能六部"根据各自职能,分别制订学期工作计划,以保障导航活动的顺利开展;期末,各部进行工作总结交流,提出今后工作的设想;整个学期,各部导航员们按照计划开展工作,每月召开一次例会,总结、反思或调整各自的工作。如"学习评价部"除了家长开放日,每周一次进入班级听课,通过评价单、直接沟通等途径,对学生的学与教师的教发表自己的看法,并关注孩子们的作业情况,一旦发现作业量过大,或有无效作业等情况,及时跟教师或教导处沟通,从而保证了学生作业的质量,减轻过重的学业负担,同时也促进教师课堂效益的提高。

导航团参与学校决策:导航员每月最后一周周五放学时间在校门口设立咨询平台,了解家长的困惑、建议或意见,咨询的问题涉及学校、家庭的方方面面;实行半日"家长轮流驻校办公",开展"进教室听一堂课""找领导谈一次话""向学校提一条建议或意见""吃一顿学生午餐"等四个"一"活动。凡涉及学生和家长切身利益的事宜,学校在作出决策前,充分听取家长导航员的意见,以形成共识。此导航工作充分发挥家长对学校教育、教学工作的参谋、监督、决策作用,促进学校健康有序发展。

南苑小学的学校管理者、教师和家长共同建设家长导航团,使家长全面参与学校决策、评价、管理、教育教学以及后勤等各项工作。需要注意的是,导航团的主体虽然是家长,但是其后的指导者依然是学校,实质上依然是学校指导下的家长"导航"。

(四)家长志愿者组织参与学校治理

当前上海中小学与幼儿园家长志愿者组织已经越来越普遍、规范,家长以志愿者身份参与学校治理,也是家长参与学校教育的一种重要形式。绝大多数学校家长志愿者组织都建有规范的制度。志愿者参与学校教育已经由早先的学校"支持者"角色向决策者与监督者转变。越来越多的学校成立家长志愿者团队,在学校指导下参与学校治理。

在很多学校,志愿者称为"义工"。为了规范学校家长志愿者管理,学校制定相关制度。如《徐汇区机关建国幼儿园家长工作规程》(下文简称《规程》)对志愿者的工作内容、遴选条件作了具体说明。《规程》的第一条申明:为弘扬志愿服务精神,调动家长参与的积极性,幼儿园合理配置义工岗位,家长义工团积极组织家长义工参与平安护校、项目组活动、家长学校、图书漂流、快乐星期五、膳食监督、摄影摄像等家长工作。第三条规定,申请家长义工的家长应同时具备以下条件:(1)本园在读幼儿父母或其他直系成年亲属;(2)自愿参加家长义工服务,有奉献精神;(3)自觉遵守幼儿园规章制度,服从幼儿园管理;(4)身心健康,有劳动能力;(5)拥有一定的自由支配时间。

上海市澄衷初级中学外来务工人员随迁子女占生源总数的近70%,随着社会的进步与发展,在上海飞速前进的大环境中,外来务工人员对子女的教育也日益重视,越来越多的家长感受到与学校合作的重要性,参与孩子教育的意识也越来越强。为满足家长参与学校治理的需求,学校组建"家长志愿者服务五支队",即家长督校支队、家长督学支队、家长护校支队、家长助教支队、家长宣传支队,全面参与学校决策以及教育教学管理。[①]

家长督校支队参与学校规划制订工作,为配合规划制订做一些调查,参与学校工作计划的制订和评估,为学校未来发展出谋划策,监督学校各方面的管理工作,并且做好宣传工作,如全程参与学校管理、制度研究等。学校在接受上级部门工作评审和督导的同时,也得到了家长和社区的关注和认可,学校在新一轮校发展规划的制订中也都听取家委会的建议和意见。再如,督校支队成员定期出席学校每月初组织的有关食堂监督管理工作会议,为改善和提高学校食堂的供餐、服务质量和饮食安全等方面出谋划策。

学校通过充分发挥"督校支队"在学校治理中的作用,探索家长深层次参与学校教育管理的新途径、新内容,使来自家长志愿者的合理化建议和有效举措得到采纳,从而改善家校关系,形成学校与家庭协作育人机制,促进学校治理水平提升。

【案例】

家长义工制

复旦大学第二附属中学坚持"实行有宽度的教育,给学生更宽广的教育"的育人理念。学校提出培养"严谨开放的小复旦人"的育人目标,培养学生的创新精神、创造能力和探究能力。"让每一位学生父母都参与学校教育,让每一位家长成为没有编制的教师"是学校追求的教育理想。"家长义工制"便是学校探索家长参与学校的组织实体。

学校家长义工委员会是家长义工组织的领导机构,主任由家长委员会主任兼任,每届任期两年。"家长义工制"的组织管理机构包括学校"家长义工委员会"、年级委员会;组织顾问委员会(包括已经毕业的学生家长);部门为义工德育部、义工学习部、义工宣传部、义工安全保障部、义工健康部等。委员会设主任一名,部长五名,他们分别与学校各职能部门主管对接(见表3-2),也和学校各条块工作对应,这样,学校就可以有序地对学校义工工作进行指导。

---

① 郁琴芳.家校合作50例:区域设计与学校智慧[M].上海:华东师范大学出版社,2018:351—356.

表3-2 家长义工委员会与学校职能部门对接表

对接部门	义工委员会主任	德育部部长	学习部部长	宣传部部长	安全保障部部长	健康部部长
	校长	书记	副校长	德育主任	总务主任	健康中心
职责	全面负责家长义工委员会工作	负责义工参与学校德育工作	负责义工参与学校教学工作	宣传优秀师生事迹；报道义工的各项活动	负责学校安全管理，保障校园安全	负责义工参与师生的身心健康工作

"家长义工制"的组织管理规章由《复旦二附中家长义工委员会章程》规定，其中包含家长义工制宗旨、义工对象、义工要求、义工工作内容、义工服务时间、义工工作条件、义工组织与管理、义工表彰奖励等。

"家长义工"充分调动了家长参与学校教育的积极性、主动性与创造性，有效地促进了家庭教育与学校教育的和谐发展，促进了学生全面发展与综合素质的提高，促进了教师教育观念的更新与教育水平的提升，促进了学校教育改革与特色发展。[1]

复旦大学第二附属中学"家长义工制"的运作实现了学校办学多年来倡导的"开放"式教育理念，实现了学校"让每一位学生父母都参与学校教育，让每一位家长成为没有编制的教师"的目标。"家长义工制"之所以能够成功，得益于家校双方的紧密合作，尤其是学校开放的心态、民主管理的理念，使家长愿意参与到学校治理之中，并且在这一过程中给予详细的指导。而学校开放的心态，鼓励家长真正地参与到学校工作中来，激发了他们的"主人翁"意识，使他们愿意竭尽所能为学校建言献策。

基于以上分析，可以得出家长参与学校决策、监督与评价须注意两个问题。一是学校要向家长有限开放参与领域。和家长群体相比，学校教育者处于专业地位，在教育教学活动方面具有家长所不可比拟的专业优势。因此，要落实家长对学校教育的决策权以及监督与评价权，并不是所有领域都要向家长开放，也不是说家长的意见或评价对于学校的一切事务均具有决定性作用。比如，家长参与教学评价方面，在有关教师工作态度、德行等方面的内容可以广泛听取家长的意见，而对于课程设置、教学技能、方法等方面的内容则应谨慎向家长开放，而且在设计评价标准时一定要考虑到家长的非专业性这一因素，以保障学校教育者的专业自主权。二是学校要认真对待家长在参与过程中所提出的意见和建议，真正尊重并落实家长作为学校治理者的权利。对于家长的建议和意见，以及各项事务的评议结果，学校需要秉持客观公正的态度，予以充分重视，从而避免家长"虚假参与"情况的出现。在虚假参与的情况下，家长只是

---

[1] 郁琴芳. 家校合作 50 例：区域设计与学校智慧[M]. 上海：华东师范大学出版社，2018：357—361.

形式上"参与",决定权仍在学校行政人员手上,这表示家长并非真的在行使决策权。学校只有真正重视家长的意见,及时地给予回应与答复,才能促进家校双方的良性互动,增加彼此的信任,不断提升学校教育教学活动的质量,提升家长的"满意度"。

第四章

家长参与学校管理

家长参与学校管理是家长参与学校治理的重要方面。现代学校治理视角下的学校管理强调多主体联动协作，学校要为家长搭建参与学校管理的多元化平台。在学校层面，家长参与学校管理可以有多种形式，如担任"临时校长"，担任校长助理等。在班级层面，家长可以在班级家委会引领下协助班主任共同策划、组织各类班级活动等，让家长成为教育合伙人。

学校管理是指学校对本校教育、教学、人事、后勤等各项工作进行计划、组织、协调和控制的活动。[①] 治理理论下,学校管理属于学校内部治理的范畴。在学校管理实践中,家长是管理共同体的主要成员。家长参与学校管理事务可以分为两个层面:学校层面和班级层面。学校要建立家长参与学校管理的组织与机制,引导深度参与学校管理,促进学校治理水平提升。

一、家长参与学校管理,做学校管理的协助者

2012 年教育部印发的《教育部关于建立中小学幼儿园家长委员会的指导意见》要求保障家长有效参与学校管理。家长作为学校治理主体之一,有参与学校管理的权利。家长可以参与如下学校管理事务:协助学校行政对学校相关工作进行管理,协助学校做好有关学生活动的组织工作,如配合教师做好维护秩序、保障安全等方面工作;协助学校处理办学活动中发生的学生校园伤害事故、纠纷、突发性事件,帮助学校及时化解家校矛盾等。

(一)建立家长参与学校管理的组织与机制

学校治理视角下强调通过多主体协作的方式进行学校管理,这就要求学校建立家长参与学校管理的组织与机制,鼓励家长参与学校管理,增强主人翁意识,为家长搭建参与学校管理的多元化平台,让家长通过参与学校事务管理,落实家长参与学校治理的权利。

1. 推动家长自主参与学校管理

为引领家长深度参与学校管理,学校成立家长参与学校管理的组织和机构,保障家长对学校管理的参与权。

上海市裘锦秋实验学校探索家长办公室建设。[②] 学校地处黄浦、静安两区交界地。近年来,学校生源结构发生了较大变化,非本地户籍学生占全校总人数的 51.5%。这些来自不同家庭的学生在家庭教育方面存在较大的差异,也存在不同的发展需求。学校在"自主发展,开发

① 郑金洲. 学校治理现代化:意义探寻与实践推进[J]. 河北师范大学学报(教育科学版),2021(1).
② 冯励. 家长办公室建设的实践与思考——以上海市裘锦秋实验学校为例[J]. 现代教学,2020(9B).

潜能"的办学理念指导下,积极开展家委会建设,推进家校间信息的传递与分享,推动家长自主参与学校管理,但收效甚微。为此,学校创建"半亩塘"家长办公室。"半亩塘"这一名称取自朱熹的《观书有感》一诗,寓意希望家长资源像"半亩塘"中的清泉一样,为促进学校发展与学生成长注入新活力。

学校明确家长办公室的组织架构(见图4-1)。家长办公室的成员包括:家长代表、学校领导、教师代表等。其中,家长代表除了原有的三级家委会委员,还增加了家长志愿者以及家长资源提供者(家长中的专业人士或能为学校提供教育资源者),可由班主任或教师推荐加入,也可自主报名参加;教师代表则由学校根据岗位设置,邀请相应的教师(如年级组长、班主任、心理教师、信息技术教师等)加入。

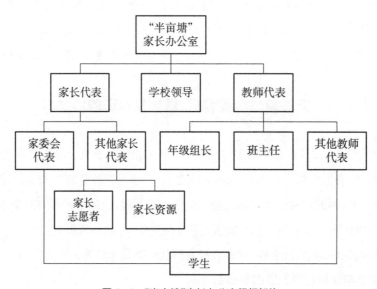

图4-1 "半亩塘"家长办公室组织架构

家长办公室成员的多元化及运作方式改变了家长被动参与学校的局面,即由"以学校发布教育教学管理信息、家长配合参与解决共性问题"为主导的方式,转变为"家长主动融入、深度参与学校各项管理工作"的方式。如,有建筑学专业背景的家长为学校创意空间设计、操场塑胶跑道的铺设等工作提供了专业意见和检测服务,确保学生安全和健康;针对学生用餐问题,学校邀请家长观摩学生在校就餐情况,促使家长通过实地考察了解学校的食品卫生安全、饭菜质量和营养搭配等信息,重视学生的生长发育问题;一年级家长还参加了"关于零起点教学"网上调研,监督学校严格遵守基于课程标准的零起点教学要求,为调研提供了真实数据,有效督促学校依法依规办学。

2. 构建学校与家长"双主体联动"的学校管理机制

在家校管理共同体中,学校和家长均是学校管理主体,有着共同的目标与愿景,即促进学生全面健康发展。很多学校探索学校和家长"双主体"联动的管理模式,引导家长主动参与学校事务的决策、实施、评价全过程,发挥家校育人合力。

上海市静安区教育学院附属学校探索家校"双主体"联动管理模式。[①] 学校向家长开放学校事务管理的权限,邀请家长作为学校学生事务管理主体和学校一起作为"双主体"参与到学生事务管理工作中来。"双主体"指学校、家长同为学校事务管理的"主体",具有相同的权利和地位。家校双方既分享学校事务管理决策的权利,又分担学校事务管理的共同责任。学校家委会代表全体家长参与学校管理,上传下达,为了孩子们的共同利益奉献自己的时间和精力。学校家委会在学校事务管理"双主体"理念的指导下,充分调动家委会委员的积极性,根据学校事务管理工作的需要成立了"生活部""活动部""宣传部"三个职能部门,分别由三位家委会副主任兼任部长,核心组成员根据专业特长加入相应的职能部门,并向全体家长发出招募令,自愿报名。

学校注重和发挥家委会在学校家庭教育指导工作中的重要作用,为家长参与学校管理搭建平台。在每学期的校级家委会上,学校会把最新的教育理念、学校的教育教学情况向家长通报并听取家长的意见;家长则把自己对教育问题的认识与思考以及社会热点反馈给学校,为学校工作献计献策。他们依据学校工作计划提出学期工作议案;设计调查问卷了解家长需求;组织"摄影志愿者",为学校后"茶馆式"教学留下宝贵的资料;开设"公正、包容、责任、诚信"主流价值观家长论坛,邀请学生和家长共同参与,提高家长和学生道德素养;将学生喜爱的作家秦文君请进校园,提高家长和孩子的文学素养;组织校运动会家委会的方阵和家长志愿者队伍,为校运会献计出力。

在静安区教育学院附属学校"双主体"联动开展学校治理实践中,在法律意义上,学校与家长的地位是平等的,家长作为主体之一有权参与学校的管理,具体到参与领域和参与内容以及方式上,则需要通过双方协商来确定。双方相互尊重,相互信任——校方尊重家长的参与权,家长尊重校方的专业教育权,这使家长得以真实参与学校管理,且能够真正通过家长参与提升学校办学质量。

(二) 家长担任"临时校长"参与学校管理

家长担任"临时校长"是家长深度参与学校管理的路径之一。多所学校实施的"一日校长"制,是当前学校比较常见的家长参与学校治理的运行机制,其本质不是让家长"当一天校长","体验"校长工作,而是家长通过当校长参与学校管理,协助校长管理学校事务。"一日校长"一般由学校和校级家委会成员以及部分年级家委会成员或者部分家长担任。

1. 工作要求要具体

"临时校长"要承担一部分校长的管理职责。学校和家长要在协商的基础上确定"临时校

---

① 郁琴芳. 家校合作50例:区域设计与学校智慧[M]. 上海:华东师范大学出版社,2018:212—216.

长"可以参与的具体事务,而且要制定尽可能详细的要求。

上海市裘锦秋实验学校针对家长提出的"希望了解学校如何安排孩子们一天的学习生活"的诉求,推出家长"一日驻校"活动。[①] 经过学校与家长商定,家长可选择相应时段参与驻校办公,时间一般不少于 4 小时。在此期间,家长需要完成"参加一次志愿者活动、观摩一次学生早操(或升旗仪式)、观摩一节随堂课、与教师进行一次交流、巡视一次校园、与学生共进一次午餐、提出一个合理化建议、提交一篇驻校手记"等工作。

"驻校"内容的具体化为家长"校长"参与学校管理提供了详细的操作指南,引导他们"看什么""怎么看"。家长"校长"会就自己所看到的,提出自己的意见和建议。学校针对家长的反馈,及时梳理、提炼与吸纳合理化的意见与建议,定期对家长驻校办公工作进行总结,并表彰优秀的家长委员,以鼓励更多的家长参与到"一日校长"队伍中来。

上海外国语大学静安外国语中学"微巡查"是在广泛征集家长意愿的基础上,通过家委会发动,在不干扰学校正常教育教学秩序的前提下,组织家长适度参与学校日常管理的工作形态。[②] "微巡查"的频次为每月一次,每学期四个年级共四次。巡查内容包含"五个一",即:参与一项学校教育教学活动;了解一次午餐质量情况(巡视一次校园,家长自行安排巡视时间和路线,随机巡视校园);与学生作一次沟通(家长可随意抽选学生,了解学生对学校教育的满意度);与教师(领导)作一次访谈(行政领导和年级组长向巡查家长介绍学校、年级情况);完成一份巡查记录(家长集中交流反馈巡查结果,填写记录表)。"微巡查"的工作流程,分为六个步骤:预约报名—现场培训—全面巡查—咨询交流—评价记录—信息反馈。每位家长都可以根据自己的意愿自由选择走进哪个教室,参与哪项教育教学活动。家长发现的问题可以第一时间反映在家长反馈意见表上或直接与学校领导沟通。

"微巡查"机制让家长走进学校,通过亲身参与学校管理,为提高学校管理品质建言献策,促进家长和学校相互理解,和学校教育者一起为孩子提供更加安全、健康的学习环境。

2. 操作规程要明确

"一日校长"具体运作规程也要尽量明确,明确的操作指南有利于"一日校长"工作的有序化和有效性。

上海市奉贤区育贤小学的"一日校长"驻校巡检制度,经过三年多的不断完善和修改,已形成了以下制度:

值班制度——学年初,志愿服务部主任制定本学年每周的"一日校长"值班表,安排家委会成员轮流到校办公,要求值班人员将办公情况记录在记录本上。

谈话制度——"一日校长"到校办公当日,要分别与学生、教师、校领导谈话交流,了解师生

---

① 冯励. 家长办公室建设的实践与思考——以上海市裘锦秋实验学校为例[J]. 现代教学,2020(9B).
② 郁琴芳. 家校合作 50 例:区域设计与学校智慧[M]. 上海:华东师范大学出版社,2018:310—314.

思想动态,每周对家长反映的学校管理方面的问题向学校有关职能部门反馈。

陪餐制度——"一日校长"到校办公当日中午,和孩子们共进午餐。了解孩子午餐的色、香、味等综合情况,检查当日菜品是否与菜单一致,将陪餐情况记录在《午餐情况记录本》上。

督学制度——"一日校长"到校办公当日,随时参与学校教育教学工作,听自己想听的课,进自己想进的班级,全方位、多角度地了解孩子和教师们的在校情况,并将督学过程中发现的亮点、问题和建议及时向学校领导反馈。[①]

"一日校长"驻校巡检当日,学生发展部相关老师与"家长校长"对接,给予必要的指导。学期末,学校召集"家长校长"们开展工作研讨与培训交流活动,家校双方一起分享工作中的经验,反思存在的问题,进一步修改并完善"一日校长"工作制度,为下一学期更好地工作奠定基础。

某幼儿园就家长参与学校管理巡视,形成了常态化制度,对校方以及家长在哪些环节应该做什么,做了详细规定:(1)活动前,由园家教组、后勤部确定巡视方案、巡视内容、巡视时间等,邀请家委会成员参与学校管理巡视,巡视人员为园级家委会成员;(2)参与巡视人员需在园方带领下开展活动,不得影响学校工作的正常开展;(3)每学期开展一次学校管理巡视活动,参与者主要关注该项目是否安全,是否有利于幼儿园活动的开展,并提出合理化建议;(4)园部需根据家长参与巡视活动提出的建议,给予回复,并作有效调整;(5)每次巡视活动要有资料留存(活动方案、过程照片、小结、反馈表等);(6)巡视活动开展后,由公众号项目组做好宣传,家委会成员给予班级家长有效内容的反馈,让其他家长也能及时了解幼儿园的设施状况。幼儿园家长管理巡视制度保障了家长参与学校管理的常态化、规范化与可持续性,在落实家长参与学校教育权利的同时,促进了家园之间的相互理解、相互信任,提高了幼儿园的办园质量。

3. 学校要对家长进行专业指导

"家长校长"制度运作成功的关键是,"校长"们既要有"家长视角",又要有"校长视角"。由于家长大多数是无教育从业经历和教育管理经验的非专业教育者,因此学校必须对"家长校长"的具体职责尽量予以细化,并形成固定的制度,而且要对他们进行相应的培训。每一轮"家长校长"在正式上岗前,学校都应进行系统的培训。培训内容主要是教育教学政策与要求解读、学校教育教学现状分析、"一日校长"制度的操作规范、如何正确填写工作日志等。通过培训,"校长"们知道自己工作的职责范围、如何行使职责、发现问题如何正确处理等。

育贤小学就某些家长可能需要的常见问题指导家长,如发现学校饮水机有问题时,应如何及时向后勤保障部反映;发现学校周边有安全隐患时,应如何及时跟学校安全分管领导沟通;

---

① 张菊英. 家校协同　助力成长——上海市奉贤区育贤小学家长"一日校长"制度的实践探索[J]. 现代教学, 2021(9B).

发现学生有不文明的现象时,应如何及时阻止并教育,同时向学生发展部汇报、通知各级家委会成员,以及如何指导家长们做好孩子在家中的文明礼仪教育。

家长"驻校"活动有效地拉近了学校与家长之间的距离,为家校合作搭建了互动交流的平台,让更多的家长关心学校、支持学校工作、提高参与学校事务管理的热情和为学校服务的积极性,共同为学校发展献计献策。另一方面,家长代表通过担任"一日校长",观察、了解、体会到老师工作的辛苦和不易,加深了对学校的了解和信任。如育贤小学的"家长校长"发现,校园环境布置温馨、学生文明行规、午餐色香味俱全,他们还细心地看到傍晚五点多很多老师还没有下班,有的在教室里和学生一起打扫卫生、有的在和个别家长谈话、有的坐在办公桌前精心备课、批改作业等。这些平时家长们在家里看不到的校园场景,被"一日校长"在巡检过程中捕捉到了,并将其发在自己的朋友圈,"家长们一传十、十传百,他们对教师的职业更理解了、对学校的工作更支持了,良性的互动,为学校创建新优质学校奠定了基础"。①

(三)家长担任"校长助理"参与学校管理

家长做校长助理就是学校聘请学生家长以"校长助理"的角色参与学校管理。"校长助理"成员以学校家委会成员或者有意愿的家长为主体,以提升学校教育质量为目标,从家长的视角协助校长管理学校事务。

上海市闵行第四中学探索"家长进校当助理"机制,将其作为弘扬学校"自育文化",深度优化育人生态环境,"实现学校内涵发展的新机制、新途径"。② 由于学区内学生家庭教育背景、家长文化层次,以及对子女的成长期望等方面相对偏低,学校认为家长的家庭教育观念、育人理念,以及参与学校管理事务的主动性亟须进一步唤醒和培养。为此学校与家委会协商制定了《闵行四中家长进校当助理工作章程》和《闵行四中家长校长助理工作手册》,明确了工作流程和相关职责。每个新学年开学第一周,根据家委会推荐与校长室、年管会选聘相结合的方式,在学校、年级、班级三个层面的家委会成员中选聘校长助理、年管会主任助理和班主任助理共计32位。助理们的工作周期为一个学年。

"家长进校当助理"的实施覆盖了学校行政管理的三个纵向层级,包括:校级层面、年级层面和班级层面。具体到校级层面,设立四个校长助理岗位,分别对应学校不同的管理部门:

第一校长助理对口学校课程教学部,协助校长对该部门的工作计划、自育课程建设、起始年级招生、毕业班升学,以及教学管理方面的情况进行调研、解读、评估。

第二校长助理对口学校学生发展部,协助校长对学生工作计划以及社会实践、校内学生活动方案和落实情况等工作进行调研、解读、评估。

第三校长助理对口学校年级组室,以听课、与师生座谈、问卷等方式,对学科课堂教学、教

① 张菊英.家校协同 助力成长——上海市奉贤区育贤小学家长"一日校长"制度的实践探索[J].现代教学,2021(9B).

② 郁琴芳.家校合作50例:区域设计与学校智慧[M].上海:华东师范大学出版社,2018:305—309.

师状态、学生状态等各领域的实际情况进行调研、评估。

第四校长助理对口学校后勤保障部门,对总务处学生收费标准、社会实践费、校服费、学生餐费等工作进行调研、解读、评估。

年级层面,家长给年管会主任当助理。新学年开学第一周,学校采用年级家委会推荐与年管会选聘相结合的方式,选聘四位学生家长,分别担任六、七、八、九年级共四个年级的年级管理委员会主任助理,兼任年级管理委员会委员,以家长的视角和年级主任的立场,参与年级事务管理,协助年级主任开展工作。根据《闵行四中家长校长助理工作手册》中的工作职责规定,助理们参与年级管理工作,审议年级管理委员会学期工作计划,对年级课程教学、社会实践、校内学生活动的方案和落实情况等工作进行调研、解读、评估。协助年级管理委员会协调师生关系、家校关系,参与年级学生活动的方案设计、过程实施、服务保障等实施过程。

六年级的主任助理龚先生是六(1)的学生家长。为方便他开展工作,学校把他的办公桌安放在年级主任陈老师的旁边。龚先生真是一个称职的助理。从他走进校园那一刻起,他和陈主任总是在一起:一起走进教室听语文课、数学课、英语课;一起组织学生参加学校的读书节、科艺节、体育节;一起带领孩子们参加社会实践,走进社区、走进场馆;一起参加学校校务会议……以至于老师们给龚先生起了一个雅号——影子。

进校当助理成为龚先生终生难忘的一段特殊经历。卸任之际,他在述职报告中写道:我在闵行四中担任主任助理,这注定是我一生中难以忘怀的一段特殊的经历。能够在六年级两百多家长之中选上我来担任陈主任的助理,不仅是我的荣幸,更是我们全家的荣幸。在我担任助理的十九个工作日中,每一天我都过得十分的充实。在这里,每一天我都感受到校园的神圣;每一天我都感受到孩子们的活泼可爱;每一天我都感受到老师们的敬业与付出;每一天我都感受到学生家长对学生主动健康发展的渴望与期盼;每一天我都感受到教育的责任与担当……如果允许的话,我还想再回闵行四中,再给陈主任当助理。

从龚先生言辞恳切的叙述中,可以看出他作为主任助理的这段经历带给他的巨大的成就感和荣誉感。两个学期,学校共收到校长助理们的提案 35 份,调研报告 16 份,工作报告 32 份,范围涉及学校管理、课程教学、学生工作等诸多领域。这些提案 100% 得到学校校长室以及校务会议的回应、解答,80% 以上的提案被学校采纳。在总结、评估阶段,《发挥班主任教师在学生社会实践活动中的功能与作用》《发掘社区资源,推动学校自育课程建设》《成立家校事务调解委员会的建议》《创设家校互动平台,推动学校民主化进程》等提案被评为十佳优秀助理提案。这些提案的落实,推动了学校教育教学的发展。

实践证明,家长参与学校事务管理,能够有效激发家长参与学校治理的积极性和主动性,从而提升学校管理水平,提升教育教学质量。但是作为主导方的学校对于家长“校长”的“建言献策"则要妥善处理好,否则不仅不能取得预期的效果,反而会事与愿违,造成家校矛盾。如:有一些家长参与学校管理的热情较高,但是提出的意见与建议缺乏可操作性或者脱离实际,这就需要学校根据实际情况与他们商议并做出相应的调整;有一些家长提出了和校方教育理念相悖的意见,这个时候就要求学校和家长进行耐心而真诚的沟通,从而达成共识。这些问题都是当前学校治理面临的新挑战。

二、家长参与班级管理,做班主任的工作伙伴

班级是学校教育的基本单位。对大部分家长来说,相比于学校层面的教育事务,他们更关注自己子女所在班级的各项工作。因此大多数家长参与学校教育事务,主要以参与班级的教育事务为主。班级也是家长参与学校教育的重要平台。因此,在实践中,大多数家长参与学校管理是在班级层面。班主任作为学校的代理人和班级的领导者,应将家长视为工作伙伴,主动邀请家长参与班级管理。

(一)组建班级家委会,确立建班育人的共同目标

班主任通过家委会或者家长组织,要求家长参与班级事务管理,协助班主任处理班级事务。包括成立班级家委会、组建家长志愿者队伍、组织家长沙龙等,协助班主任共同策划、组织各类班级活动等。

1. 组建班级家委会

班级家委会是学校家委会的基石。班级家长委员会委员的职责通常包括:做好班主任、教师和家长沟通的"纽带",搜集家长意见和建议并及时反馈;积极协助班主任开展活动,鼓励更多家长积极参加各种活动;对班级工作进行监督、评议和协作,等等。

为了保证家委会工作的针对性和有效性,增强家委会成员的责任感,结合学校工作实际,班主任可以建议班级家委会设置职能分部,比如,设立班级活动组织策划部门,协助教师开展社会实践活动、主题活动,以及参与这些活动的设计和实施;设立负责家庭教育指导课程的部门,针对家长家庭教育实际需要,邀请家庭教育专家或组织家长分享家教经验;设立进行家长课程资源开发的部门,邀请与组织家长走进课堂为学生开设相关课程。

组建班级家委会是班主任接手新班级的第一要务。家委会的各成员分工由家长自己商讨决定并制定明确职责内容,会更有利于家委会功能的发挥。为了强化班级民主管理,增强家校之间互相信任与支持,某班主任接六年级新班时,组建了班级家委会,由六名成员组成,在协商的基础上明确各自职责(见表4-1)①。

---

① 邵丽琴.基于初中班级育人目标促进家校沟通的有效策略探析[J].现代教学,2021(6B).

表4-1 班级家委会职责及分工细则

岗位	职责及分工
文体活动委员	协助班主任开展班级文体活动,如艺术节、运动会、诗歌朗诵比赛等活动
课外组织委员	协助班主任组织班级课外活动,如公益活动、户外活动等
学习生活委员	协助班主任组织班级学习生活,如读书会、家长经验交流学习会等
宣传活动委员	配合班主任开展班级学生活动推广,如动员宣传,将活动作品与成果分享给家长等
统计管理委员	协助班主任统计事项,如活动人数统计、课外活动物品征集统计、班级决议征集家长意见统计、汇报等
安全纪律委员	负责协助班主任管理活动秩序,开展具体活动时明确与落实注意事项,确保学生安全

从家校合作育人的角度来看,要想取得良好的效果,最好在新生入学初期班主任就要让家长全面深入地了解班级育人目标、班风建设、学风建设、学生发展与学习指导等方面的具体思路和要求,争取获得家长的支持与配合。为此,班主任可以通过新生家访,充分了解每一名学生的个性特征与家庭情况,形成"一生一档",加快对新生及其家庭状况的了解,便于因材施教。在班级管理中,班集体凝聚力的培养是建班育人的核心主题。其中班级培养目标的确立是关键。班主任可以在开学初召开的第一次家委会会议中,对班级育人目标、班集体建设目标等进行讨论,确保家班育人目标统一。

实践证明,班级育人目标是班主任和家长共同的目标。班主任和家长一起制定学生发展目标,共同管理班级的过程,可以使家长充分了解学校的办学理念、师资状况以及教育教学过程,而且可以发挥自己的优势与特长,助力班主任建班育人工作,促进学生全面而有个性的发展。

2. 建立家委会工作制度

基于班级育人目标,班主任要建立家长参与班级管理的各项制度。对此,班主任通常和家委会一起协商、制定相关工作制度,促进班级家委会工作常态化。当前,很多班主任在需要家委会或家长"帮忙"的时候才会邀请家长"进班","家长驻班"等制度的建立保障了家长参与班级事务的权利,真正体现了家长和班主任之间的合作伙伴关系。

为了更好地发挥家委会的作用,让家委会全面了解学校教育教学情况,真正成为学校的"代言人"、家长的"知心人",宝山区第三中心小学引进了家委会的"驻班制",让家委会走进班级,担任一天的老师,全面了解学校的一日教育教学工作,近距离地接触教师和孩子,让家长享有充分的参与权和话语权,赢得家长对教师的理解和支持,赢得教师与家长的教育合力和相互信任,构建起家校合作的共同体。

【案例】

"五步拳"让家委会不再是花架子

在实际工作中,我总结出"五步拳"法,合理发挥家委会职能,以点带面,在家校共育的过程中起到积极作用,因此我班的家委会工作开展得井然有序,并卓有成效。

第一式——周全的前期准备

在组建家委会之前,班主任要做不少准备工作。我的做法是:(1)制作一张表格,家长详细写明自己的工作单位、职务以及是否愿意加入家委会;(2)收集所有数据后,班主任仔细审阅斟酌,根据职业、职务、家庭住址推选家委会成员;(3)逐一电话沟通,首先要感谢家长能热心于班级事务,告诉家长,我们的目标是一致的,家校共育促进孩子的健康成长。

第二式——选好领头人

在班级管理中,如果班主任能赢得家长的信任与理解,那么就能游刃有余地开展班级工作。在我们班的各项活动中家委会委员各司其职,又相互配合,共同做好家委会工作,取得更多家长的支持!这里必须向家长强调,作为家委会的领头人——会长的人选十分重要。这个人一定要敢担当,做事说话有魄力,且与班主任在同一条战线上,能够理解支持班主任的工作。

第三式——开好第一次家委会会议

第一次家委会会议的重要性毋庸置疑。在第一次家委会会议上,班主任要用诚心去打动家长。家长其实是非常愿意为孩子的班集体服务的。从我班家委会成立的第一天起,家委会成员就自发组建班级家委会微信群。同时组建包括全体家长和任课老师的班级微信群,使家长们有了畅所欲言的空间,拉近彼此的距离,既可以共同探讨培养孩子过程中的经验、想法及困惑,也可以即时发表对班级工作的建议和意见等,家委会则做好汇总反馈工作。

第四式——明确分工

在召开家委会时,以"一切为了孩子们能更快乐茁壮地成长"为宗旨,确定家委会"支持、参与、沟通、促进、宣传、协助"六项职能,并对家委会的五个成员进行分工,分别设立会长、组织委员、宣传委员、生活委员、后勤等几个岗位,明确各个岗位职责,合理分工。

第五式——配合默契

我们班开展的上海市车站西路幼儿园的"一日小老师"的校外社会实践活动,就是完全由家委会组织并成功开展的一次配合默契的活动。接到学校通知后,我第一时间告知家委会成员。会长组织家委会成员集思广益。先讨论校外社会实践活动的开展地点。有家长提出利用自身单位的资源,联系到航海博物馆做解说员。但由于离学校太远,路上安全得不到保障。最后确定开展上海市车站西路幼儿园"一日小老师"的校外社会实践活动。组织委员前期联系车站西路幼儿园的园长,说明相关事由。经幼儿园行政会通过后,家委会成员确定时间开始下一步工作。因为是全班的校外实践,会长先通知我到学校提出申请报备,然后到班级家长微信群里发布此事。这项提议得到家长们的积极支持。

事后"小老师们"有的写道"没想到做老师这么辛苦,体会到自己老师的不易,要好好学习了";有的写道"熊孩子太折腾,自己累惨了,以后自己在校不能捣乱了"。我除了在班级微信群中分享同学们的心得,还赞扬家委会成员的贡献,家长们纷纷表示感谢家委会和老师精心组织的这次极具教育意义、与众不同的活动。[1]

(本案例由上海市新北郊中学曾燕提供)

切实发挥家委会的作用,需要班主任的精心安排和巧妙设计。案例中的班主任在实际工作中,总结出"五步拳"法,通过五个环节,对家委会成员的遴选、首次见面等细节都做了精心安排和设计,让家长成为班主任班级管理的合作者,使得家委会能够有效运转,让家委会不是"花架子",而真正成为班主任班级管理的协助者与支持者。

(二) 在班级设立班主任助理岗位,让家长"有位有为"

班主任基于建班育人需求和家长实际条件,建立家长参与班级管理的制度,为家长设立具体的班级管理岗位,明确具体职责,以便让家长更"精准"地参与班级管理事务。

很多班主任通过与学生家长的接触与了解,根据他们的意愿,在班级管理工作中,设立了"家长班主任"或"班主任助理",目的在于通过角色体验,促进家长能够进一步理解与认同班级育人目标与育人方式,并根据自己的领悟与实践,带动家长们共同进步。

为了顺应初中生向往独立、渴望探索的心理需求,某初中班主任在班级中组建了一支"家长观察员"队伍,聘任"家长观察员"进入校园参与常态化活动。每天由两位家长组成一个"家长观察员"团队,主要职责是辅助班主任进行早上第一节课前这段时间的班级管理,观察学生晨读,查看保洁区的打扫情况,并及时将掌握的情况反馈给班主任。经过一段时间的运行,家长对孩子的校园生活有了一定程度的了解,逐步认同学校文化与班级文化,懂得如何配合班主任进行班级管理,助力学生养成良好的学习习惯和行为习惯。[2]

静安区教育学院附属学校在引导家长有效参与学校管理中,聘请家长担任班主任助

理。[1] 班主任助理享有知情权——了解班级的管理目标和工作计划；享有咨询权——向班主任、任课教师咨询教育教学工作；享有参与权——参加班级的主题教育、教学活动；享有建议权——对班级管理工作提出建议和意见。此举，真正让家长成为学校教育者的同盟者，成为学校教育活动的参与者，成为学生心理健康发展的疏导者，成为学生参与社会实践的支持者，成为学生成长的激励者。部分家长还主动请缨，为学校提供探究型课程、学生社会实践、社团等方面的信息资源，真正成了课程改革的积极参与者和建设者。新学年开学第一周，学校采用班级家委会推荐与年管会选聘相结合的方式，选聘家长代表分别担任各班的班主任助理，参与班级事务管理，协助班主任工作。如协调师生关系、家校关系，参与班级学生活动的方案设计、过程实施等活动。

此外，还有很多班级活动可以请家委会参与，比如各项评优活动、节庆活动、家长开放日活动、社会实践活动、招生咨询活动，等等。在家委会组织下，这些活动的开展不仅能给班主任"减负"，而且也更容易得到家长们的认可。

（三）组织班级家长沙龙，让班主任和家长共议班级"大事"

班级家长沙龙是由班主任组织的家长沙龙，主要成员为本班学生家长。班级家长沙龙既可以充当家长参与班级管理事务的平台，也可以是教师与家长沟通、交流和学习的平台。

上海市罗阳中学班主任探索以班级家长沙龙为平台，鼓励家长参与班级管理。[2] 班级家长沙龙以班级为单位，由班级家委会成员和班主任轮流担任主持人，围绕家长在家庭教育以及学生成长过程中遇到的问题与挑战，以及家长需求来确立主题，定期举行。家长根据自身需求自愿参与。活动中，班主任和家长可以围绕主题分享经验，大家畅所欲言、各抒己见。班主任借助面对面家庭走访的形式，全面地了解学生家庭的背景、成长环境，以及家长的家庭教育理念与方法等，以便为班级家长沙龙的顺利开展做好前期准备。通过与家长、学生协商形成了班级家长沙龙活动方案，内容涉及模块、主题、主要内容、目标与组织形式等，围绕"家委会组建筹备""个别化家班共育""班集体家班共育""亲子互动学习"四大模块，聚焦"群策群力、各尽其责""家庭教育'怎么办'系列""家校联动筹办创意班会""亲子互动，在爱中成长"等主题展开。

围绕班级家长沙龙方案，在具体实践过程中，初步形成了七个环节的实施模型，分别为"确立主题""成员破冰""组内交流""小组陈述""组间交流""总结陈述""活动反馈"七个环节，并在后续实践中适时调整与优化。在沙龙活动中，改变传统排排坐的形式，采用圆桌式、爱心式等座位排列方式，让家长围坐在一起，并进行适当的布置，营造轻松、愉快的环境氛围，使家长充分感受到自己是沙龙活动的主体，是班级的重要成员，家校之间是合作关系，彼此共同分享与

---

① 郁琴芳. 家校合作50例：区域设计与学校智慧[M].上海：华东师范大学出版社，2018：212—216.
② 张晨晖. 班级家长沙龙：新时代家校共育模式探析[J]. 现代教学，2021（20）.

探究家庭教育问题。在此,班主任充分发挥班级家委会成员的作用,鼓励他们与班主任共同策划、组织与主持沙龙活动。

借助班级沙龙的各项活动,班主任以及家长形成共识,由此避免家长之间意见分歧,以及由信息不对称所造成的误解,也让家长了解其他家长的想法,有利于班级工作的顺利开展。

【案例】

体验式家长沙龙

1. 主题确定

在召开"体验式家长沙龙"之前,我发给部分家长"代表证",家长代表在领到"代表证"后一周,可以凭借"代表证"日期到学校对班级管理情况进行观察,或进入班级听课,并做好记录。之后,我和家长代表一起讨论学生的学习生活中或是班级管理中存在的一些问题,从而确定了沙龙议题,譬如,对于刚进高中的学生而言,能大方地与异性交往是迈向社会的第一步,但是大部分家长认为班主任提出的早恋问题是大题小做。所以,我把"我们和孩子共成长系列——呵护情感的萌芽"作为高一第一学期期中家长沙龙主题。

2. 组织与过程

在活动中,我运用"击鼓传花"这个游戏形式,让家长自我介绍,然后进行分组。有的家长介绍时大方、语言流利,有的家长介绍时腼腆、声音细小……气氛轻松愉快。班主任与家长之间在轻松的氛围中相互熟悉,有了良好的交流开端。在这个简单的游戏中,家长们体验到了自己角色的重要性,对孩子如何同异性交往问题有了进一步思考,意识到应从自身做起,和孩子共同成长。

接下来,为了消除孩子和家长之间对于情感问题的矛盾,我带领家长及学生开展了亲子游戏,运用团体心理咨询的技术,安排了不同层面的沟通环节,从随机生成的代际沟通延伸到亲子沟通。在轻柔的背景音乐中,每个学生先和一些"大朋友"——自己的同龄人的家长沟通,随后每个学生和自己的家长沟通。在沟通中,家长和孩子先后扮演倾听者和诉说者角色,彼此在角色转换中体验了浓浓的亲情,很多家长和孩子流下了感动的泪水,这样,在不知不觉中消除了学生和家长之间由于对情感问题意见不一而产生的隔阂。接下来,我给家长看了一段学生自己扮演和制作的视频《不能到最后的牵手》,家长看完视频后反响很不一样,我看出很多家长有话要说。

这时,我把预先设计的导学案发给各位家长,要求家长选导学案上的三个问题,然后交流分享。如:在高中阶段,如果别人对你的孩子萌生爱意,或者你的孩子遇见了仰慕的"他"或者"她",你怎么办?视频中的他们该怎么办?作为家长,请你写一段给视频中的"他"

或者"她"的话,等等。

家长们很认真地研读导学案,写答案,每个家长把自己的心得写在上面,在分享环节上,气氛非常热烈,家长们在讨论中交流。在讨论接近尾声时,为了下一场沙龙的顺利开展,我适时地向家长推荐一些教育书籍和给学生的阅读书籍,如尹建莉的《好妈妈胜过好老师》,海姆·G.吉诺特的《孩子,把你的手给我》等。当然,为了提高家长参与"体验式家长沙龙"的积极性,我还表彰上学期积极配合班级工作的家长,同时也对担任班级的优秀助教员和周末活动指导员的家长表示感谢。最后,我向家长发放家长沙龙的《活动回访表》,家长填写《活动回访表》。根据家长的反馈,我对本次家长沙龙做简单的整理并分析,为今后撰写家庭教育案例保留素材。

3. 反思与效果

在本次体验式家长沙龙中,家长们体验着学生们日常的游戏活动,感受到需要给予孩子们更多的自由空间去不断探索、学习……通过活动,家长们都颇有感受,意识到家长需要通过不断的学习,才能用正确的方法引导孩子的行为。有家长这样说道:"以前,我特别反对老师说孩子早恋,接触到这个问题就很头疼,今天的家长沙龙教会了我很多解决问题的方法,也改变了我很多以前对孩子教育上的误区。体验式家长沙龙使我可以了解孩子在校的各方面的情况,也能和其他家长或老师共同商讨家庭教育中存在的问题。"

对班主任而言,体验式家长沙龙,使我能够不断增强自己的业务能力和与家长的沟通能力。组织这样的活动不仅需要大量的相关知识,还需要很强的调控能力。我还需要不断地学习和磨炼。[①]

(本案例由上海市鲁迅中学禹晓丽提供)

案例中的班主任所开展的"体验式"家长沙龙,其实质是对家长进行的一次有效的团体辅导活动,班主任通过充分的前期调查与准备,确定沙龙主题,在过程中与家长积极互动,引导家长各抒己见。这样,家长沙龙促进了班主任和家长之间的相互理解和亲子之间的相互理解,有利于家长真正认识孩子发展过程中的具体问题,为孩子健康成长营造良好的家庭氛围。

(四) 组织家班共育活动,让家长变为教育合伙人

班主任应该以各种形式让家长参与到班级活动中来,发挥家长在班级管理中的积极作用,助力班主任建班育人工作。

1. 家长利用自己的特长协助班主任开展班级活动

一个班级的家长来自各行各业,班主任可以邀请家长为班级提供社会实践活动资源,将家

---

① 刘静,李金瑞. 教师家庭教育指导实务(高中版)[M].上海:上海社会科学院出版社,2018:47—48.

长所能提供的资源纳入活动内容之中,并通过具体的任务单引导家长在教师"不在场"的情况下和孩子一起学习,完成教育任务。

某小学班主任设计了亲子研学班本化课程,旨在"以亲子互动的方式,将社会主义核心价值观教育融入实践活动,引导学生走出家庭、走出学校、走向社会,通过社会实践、探究学习等形式,帮助学生拓宽眼界、丰富人生体验、提高思想道德水平、增强综合能力"。该课程主要涉及三项内容:一是每学期组织一次场馆参观亲子社会实践活动;二是每学期组织一次旅途见闻亲子社会实践活动;三是每学年组织一次职业体验亲子社会实践活动。学校通过指导家长结合家庭和学生实际情况,引导学生走向社会,设计与实施相关内容,在实践中获得体验与感悟,培育和践行社会主义核心价值观。

例如,国庆长假期间,班级围绕"眼界"计划,以"我心中的国旗"为主题开展亲子摄影比赛,要求完成以下几项任务:其一,在旅途中,家长指导孩子拍摄一张和国旗合影的照片,发送至班级邮箱;其二,将拍摄的照片冲印出来并上交,用于布置班级文化墙,展示大家的路途见闻;其三,在亲子社会实践活动中,家长要关注对孩子的教育引导,尤其是引导孩子学会寻找身边的美景、美言、美行等。学生通过与国旗合影,充分感受到自身与祖国荣辱与共的情感,并能切实做到文明出行。一位家长发出这样的感慨:"班级组织开展的亲子社会实践活动有效融入了爱国主义教育、行为规范教育、生命安全教育、生涯教育等内容,孩子通过参与活动,开阔了视野,充分领略了祖国的河山之美,激发了身为中国人的自豪感,养成了良好的礼仪规范,学会珍爱生命以及与自然和谐相处。"①

2. 邀请家长参与班级活动,让家长由"看客"变成"当事人"

班主任可以邀请家长策划、协助组织一些重要的班级活动,如校运会、各种竞技比赛活动、各类节日纪念活动等,班主任可以就这些活动如何有效开展寻求家长们的支持与协助,这样不仅可以减轻班主任自身的工作负担和压力,同时也可以让家长通过参与活动,加深对学校教育的理解,增强家长的参与意识,落实家长的教育参与权。

班主任可以邀请家长参与活动方案设计,帮助编印相关宣传单,装饰活动场所,以及一些具体的服务、后勤工作,如孩子的安全维护工作。在这些活动中,一方面家长发挥了支持学校教育的作用,另一方面通过与孩子共同活动,使家长更了解孩子的发展状况,从而有效地促进家长与孩子的沟通。此外,也减少了家长对孩子外出活动时安全问题的担忧。班主任可以适时地邀请家长参与学校的科技节、艺术节、运动会等大型活动,当家长作为班级的一分子参与到班级活动中时,他们就由教育的"看客"变成班级教育的"当事人",有了参与感和学校主人翁的归属感。

事实证明,家长也非常乐意参加这样的活动。班主任要及时肯定家长的参与热情,给予家

---

① 孙丽萍. 家班共育,建设亲子研学班本化课程——以"眼界"计划为例[J]. 现代教学,2020(12B).

长认同与鼓励。当他们被认同时,他们就会逐渐有了对于班级的归属感,从而把自己当成孩子班集体建设的一分子。

【案例】

当"看客"变成"当事人"……

每逢我校举行体育节、艺术节、读书节和科技节,我都邀请家长参加。通过参与,家长可以进一步了解学生在校的学习情况和行为表现。当看到孩子们在运动场上拼搏时,当看到自己的孩子在舞台上的精彩表演时,很多家长都激动万分,表示从来没想到自己的孩子能够取得如此的进步和成绩。

最让我感动的是"放飞青春梦想"集体生日会的活动。在前期准备活动中,我恰好住院,本来要班主任和家委会共同完成的筹备工作几乎全部是由家委会带领家长完成的。得到通知后,我和会长通了个电话,把情况向她说明,她表示很乐意负责这项任务。为了发挥学生的主观能动性,我提供上届学生的活动资料给他们参考。生日会的主持让班委学生策划,家委会负责提供一些参考建议。但更多的后勤工作全由家长配合完成。

争取到家长对生日会活动的支持后,家委会又进行了资料的整理和编辑,并联系广告公司,把孩子们在中学成长的每个精彩瞬间制作了学生成长纪念册。活动当天,家委会成员早早来到现场,用气球、彩带等装饰物精心布置会场,准备好生日会的食物和饮料,并进行全程摄影和录像。在生日会上,同学们有观看伙伴们表演时的欢乐,有回忆成长的感动,有读父母来信时的泪水,还有自己写回信时的激动。家委会成员则用相机拍下一张张洋溢着幸福的脸,并随后将照片发到班级微信群中。很多家长都转发到朋友圈。有家长还写道:"感谢老师和家委会成员的用心,让我没有错过孩子的每一次成长……"

每次学校活动后,我都会在班级微信群里赞扬家委会成员对学生和班级发展所做出的努力。家委会成员表示能为班级同学尽自己的绵薄之力,自己是很开心和愉悦的。而且榜样的作用是无穷的,一些不是家委会成员的家长还主动表示下次也要参与活动。

除了学校的大型活动以外,我还会组织一些能让更多家长参与的活动,比如在特定的日子,开展学生和家长互动的活动,比如"母亲节的关爱""志愿者在行动",等等,都可以用拍照片、写感言的形式进行呈现。这些活动不用占用家长太多的时间,操作也比较容易。每一次活动结束后也及时反馈总结,肯定活动中好的地方,表扬积极参加活动的家长,并且与其他家长分享活动中难忘和高兴的瞬间。这些点滴的活动给家长留下美好的印记，让他们把这份快乐铭记在心里。越来越多的家长在活动中感受到快乐，体会到收获，越来越多的家长积极地走进学校活动中来。①

（本案例由上海市新北郊中学曾燕提供）

当家长从"看客"变成"当事人"的时候，他们所发挥的作用是学校教育者无法替代的。案例中班主任不仅仅满足于邀请家长出席活动——把家长当成"看客"，而是在活动过程中，让家长参与到活动的组织协调工作中来，由此，家长体验了平时班主任的工作——班级活动从策划到实施的整个过程，这让家长更加认识到活动的价值，更加了解学校。活动过程不仅强化了家长的主体意识，使之由被动参与者变为主动参与者，也使班主任更加了解学生的家庭状况，有利于在今后的班级工作中有的放矢地采取正确的教育方法。

在现代学校治理视角下，家庭是学校重要的合作伙伴。只有家校合作，才能共同奏好教育的交响曲。对学校而言，如何吸引家长积极参与班级管理活动，是最关键的问题。家长不愿意或不主动参与学校管理，最主要的原因是家长并不了解自己参与学校管理的意义与价值，觉得管理学校是学校的事情，自己只要配合好学校老师的工作就可以了。因此，学校要让家长在参与学校管理中有成就感和价值感，让他们感受到自己作为学校教育者的"伙伴"这一"角色"的重要性，当家长能切实感受到这一重要性时，他们就会主动地参与到学校的各项事务中，与学校携手，共治共管，为孩子的健康成长保驾护航。

---

① 刘静，李金瑞.教师家庭教育指导实务（高中版）［M］.上海：上海社会科学院出版社，2018：116—117.

第五章

家长参与学校教育教学

在现代学校治理视角下,家长不是学校教育教学的旁观者,而是重要的参与者。家长可以协助学校或教师开展教育教学活动,成为学校教育教学活动的参与者、建构者、评价者,也可以成为学校教学活动的共同策划者、执行者,以及教学资源的提供者。家长并不是专业的教育者,学校教师须对家长进行必要的培训和指导,以保证家长参与学校教育教学的规范性和有效性。

在现代学校治理视角下，家长不是学校教育教学的旁观者，而是重要的参与者。家长从事各行各业工作，学校可适时引导家长以合适的方式参与课程建设与教学活动。家长参与学校教育教学活动的方式有多种：一是参与学校课程建设与教学活动，成为学校课程开发的合作者和支持者，与学校共同组织、策划与实施学校各类活动，成为活动的协助者；二是以教师、教练、讲师等名义，结合自身所长与学生发展所需为学生开设课程，成为学校课程的建构者；三是参与课程质量评价与审议，成为学校课程与教学活动的评价者。

一、家长参与学校课程建设与实施

当前，家长参与学校课程建设已经成为很多学校的普遍现象。学校课程因为家长的参与，内容更丰富，方式更多样，大大拓展了学校教育内容，丰富了学生学习经历。同时家长参与课程建设的行为，也有助于家长了解教育改革动向和学校教育教学情况，了解学生在校的学习情况，进一步提高学校教育教学质量。

（一）学校课程开发与实施的协助者

《幼儿园教育指导纲要（试行）》指出，幼儿园课程资源的开发与建设不仅仅是教育专家、教研员、教师的事，家长更是课程资源开发的重要力量。每个学校都有具有各行各业经历及各种专长，而且愿意支持学校工作的家长。教师可以根据家长的专业特长邀请家长参与课程开发，让家长成为学校课程开发的建设者与课程实施者。

1. 家长参与学校课程开发

上海市裘锦秋实验学校发挥家长专长，积极打开校门，协同有专长的家长开发校本课程。例如，一位有心理学专长的家长为即将迈入青春期的五年级学生家长开办主题为"给花季的你"青春期健康教育家长沙龙活动，有30余名家长主动报名参加，希望通过沙龙活动了解青春期孩子的困惑与烦恼，学习亲子沟通技巧。家长们还积极参与"Q少年，乐成长"德育校本课程研发与《成长指导Q手册》编制等工作，全程参与学校课程管理，不断提升课程品质，充分发挥课程育人功能。①

浦东新区上钢新村幼儿园是一所市一级幼儿园、区级示范园,具有近40年的办园历史,在区、署、社区各个层面一直享有较好的声誉。幼儿园不仅拥有一批尽心尽责的、业务能力成熟的教师,更是得到了一批又一批家长的信任与支持。每当幼儿园有家园合作活动,都能得到不同年龄段家长们的积极响应。多年实践让幼儿园认识到"家长参与幼儿园课程建设的必要性与可行性","家长正以各种形式成为幼儿园课程建设的新生力量"。幼儿园以"引领家长进课堂,丰富园本课程的实践研究"的课题为载体,赋予家长幼儿园课程建设者的角色。幼儿园积极探索家长参与幼儿园课程建设的路径,搭建"家长进课堂"平台,让家长成为幼儿园课程选材的建议者、课程建设的研究者、课程材料的提供者、课程实施的协同者、课程延展的施行者、课程执行的评价者。

【案例】

赋予家长参与权,让家长成为课程建设者

1. 让家长成为课程选材的建议者

幼儿园的孩子年龄小,动作不稳定,在运动中安全意外事故时有发生,这引发了我们全体教师将教学研究的目光定格在幼儿园一日生活的运动课程建设,尤其是足球项目。但是谁来带孩子踢球呢? 幼儿园以女教师为主,大家都不会啊! 这时大班的老师提供了一个信息:"我们班有位妈妈,她默默关注我们的足球好几天了,她好像是一位退役的国家女足队员,现在从事青少年足球培训工作,她想在运动时间和孩子们一起玩足球。"这个信息对于我们来说,无疑是个好消息。这位家长有热情、有能力,更有专业技能,可以很好地填补幼儿园师资的短板,她不但可以成为我们老师的合作伙伴,更能成为老师的指导者。这对于幼儿园足球项目从主题活动走向运动课程无疑是一次很好的尝试。于是,我们欣然接受这位妈妈的主动请缨,让这位"妈妈教练"在运动时间教孩子们踢足球。

"妈妈教练"告诉我们:足球运动在幼儿阶段不适宜踢对抗赛,应该以培养兴趣为主要目的,通过足球运动可以让幼儿动作协调、情绪愉悦、提升水平、健康成长,进而拥有强健的体魄。她的建议让我们重新认识了足球这项运动,加深了我们对幼儿足球课程目标与方向的理解。

2. 让家长成为课程建设的研究者

针对老师们实践中的困惑,我们确定了"快乐足球"为教研内容,请"妈妈教练"一起参与。通过"PPT交流"及"案例研讨"的方式,妈妈教练与我们共同开展教研活动,帮助我们

---

① 冯励. 家长办公室建设的实践与思考——以上海市裘锦秋实验学校为例[J]. 现代教学,2020(9B).

提高"幼儿足球运动"课程的实施水平。教研活动涵盖:幼儿足球场地如何布置、幼儿心理特征培养、足球热身环节的重要性,以及足球游戏活动"拔萝卜""蚂蚁运粮"的多层次玩法。家长"外援"参与教研,为我们的教研注入了新的"血液"。本次教研,我们请老师与专业教练进行近距离互动,教师在亲身体验的过程中,了解幼儿足球运动指导的基本方法与内容,这一过程也使家长成为幼儿园课程建设的研究者。

3. 让家长成为课程材料的提供者

在大班主题活动"我们的城市"进程中,我们发现孩子们对与地铁有关的内容非常感兴趣。通过了解我们知道,有一位小朋友的爸爸在申通地铁公司就职。于是,我们有了邀请这位爸爸进课堂的想法。与这位家长沟通之后,这位爸爸很乐意参与到我们的活动中来。对于不同的家长,我们会采用不一样的指导方法。针对这位能力超强的爸爸,我们首先与他沟通,使他对本次活动的目标、意义有一定的了解。然后跟他沟通活动中的三个要点:上课时间不能太长(这是由幼儿年龄特点,注意力集中时间短决定的);教学形式生动、多样(不能只是单一说教传授,形式丰富多样些,以游戏形式开展活动更好);内容应该浅显易懂,让孩子易理解接受,可以为幼儿提供一些平常情境中无法看到的信息,充分体现家长助教的价值。

本次活动对孩子来说是新奇的探索之旅,拓宽了孩子的眼界,同时也让家长对幼儿园工作有了更多的认识与理解,这位"爸爸老师"课后说:"原来给这么小的小朋友上课着实不容易,需要用更生动、有趣的语言来感染孩子,牢牢地吸引孩子的注意力。"家长在授课的同时,成了幼儿园教育的合作者和支持者。

(本案例由上海市浦东新区上钢新村幼儿园莫依青提供)

在引导家长参与幼儿园课程建设过程中,园方担当起组织者、引导者的角色,教师根据不同家长的特点和专长,把家长引入幼儿园活动中,让家长从简单的材料提供者,逐步过渡到课程实施的参与者。

2. 家长做"助教"

家长助教就是学校邀请家长或家长主动提出要求,家长直接参与到教育教学活动中,协助教师共同设计、开展教学活动,实现教学目标。家长助教活动能充分发挥不同家长的优势,是鼓励家长由学校教育的被动配合者转变为主动参与者的有效举措。

浦东新区海洲幼儿园根据自然教育活动的目标,本着尊重、平等、合作的原则,有计划地邀请具有某种职业或专业、技能优势的家长直接参与教学活动,协助教师更好地完成教学任务。家长助教可参与的内容有许多,如以自然教育为主题的"家园协同课堂"、班本化活动等。中四班的"昆虫探秘"班本化课程,旨在引导孩子们通过寻找昆虫、观察了解昆虫的特点喜好,激发幼儿对昆虫的兴趣。为了进一步拓宽、丰富昆虫探秘活动的内容和形式,园方从本园"家长资源库"中选取有昆虫馆参观经验的家长,邀请他们以助教的形式参与昆虫探秘活动。其中两位家长联系到了场馆中专业的解说人员为幼儿提供昆虫知识科普;3位有昆虫知识储备的家长主动担任活动讲解辅助员,将场馆专业讲解员的讲解以更适合儿童的方式传递给孩子们;结合场馆中的昆虫手工制作环节,2位有美术特长的家长参与指导幼儿开展昆虫手工制作活动,对孩子们进行一对一的指导。正是有了家长的参与,使得班本课程拓展了孩子们的学习途径,丰富了课程活动形式。在活动过程中,幼儿园为家长助教们提供适当的互动技巧予以支持,确保活动有序、顺利开展。

【案例】

徐汇区机关建国幼儿园"志愿者"参与教学

徐汇区机关建国幼儿园以"志愿者项目化"运作的方式,组织与引导幼儿园家长如何以"志愿者"角色参与幼儿园教育教学工作。

1. 志愿者招募:通过每学期新生开学前家委会会议,幼儿园家委会主席介绍家长志愿者团队整体运行情况及所需志愿者要求,填写幼儿园家长志愿者申请表,内容包括:人员基本信息、个人特长、想参与的志愿者项目等。完成申请之后,由家委会志愿者工作负责人进行人员分配。

2. 志愿者培训:首轮培训是一个全员式培训,即在新生家委会上由家委会主席进行一次全面培训;第二次培训是由班级老师对志愿者进行的针对性培训,包括一些参与的人选、参与活动时的服饰要求、在园内和幼儿沟通交流的一些简单方式等;第三次培训是针对优秀家长志愿者的特色培训,主要是在各班的班级代表层面进行。由经验丰富的优秀志愿者家长向小班家长代表传授参与活动的经验,并由这些家长代表在各班进行传达,起到一定的辐射作用。

3. 志愿者项目:主要包括亲子活动项目、家长助教项目、"爸爸俱乐部"项目。其中家长助教项目采用家长进课堂的形式,家长直接参与教育活动,协助教师更好地完成教学任务,实现教学目标。"爸爸俱乐部"项目以爸爸为主体,带领幼儿开展丰富多彩、寓教于乐的课外亲子活动,这是机关建国幼儿园家长志愿者项目中既传统又特别的一个项目,鼓励平日忙于工作的父亲们参与到孩子的教育过程中来,给予孩子不同的生活经验和教育体验,让父亲认识到自己在孩子教育中的重要意义。通过这一系列的活动,促进亲子关系更加融洽,搭建有效平台,形成家园共建的有效机制,帮助孩子健康成长。

(本案例由上海市徐汇区机关建国幼儿园倪丹提供)

《上海市学前教育课程指南》中对于教师进行家长工作的要求是"积极创造条件,让家长认同、支持、参与幼儿园课程的开发和实施"。家长通过参与学校课程建设,不仅可以增进家校理解,丰富课程内容,还可以促进教师不断提升自己的专业素养和教学水平,整体提升学校课程品质。

【案例】

让家长成为幼儿园活动的策划者

家长参与策划自然教育活动,能弥补教师某些能力的不足,提升活动质量。教师可以从家长资源库中"职业"和"专长"的信息栏内搜寻资源,联系并鼓励有兴趣和能力的家长策划幼儿自然教育活动。在沟通的过程中,教师不能因为家长策划活动,就全权交给家长,而是要经常主动联系家长,询问家长的需求、是否有困难,给予家长一定的指导和协助,及时给予家长鼓励和支持,让策划者有信心、更有效地去策划幼儿自然教育活动。

小四班的徐老师想要组织一个运动节活动,但是苦于没有新颖的想法。她发现班级里的彤彤妈妈是业余的马拉松爱好者。徐老师马上电话联系彤彤妈妈,对她说:"彤彤妈妈,听彤彤说你平时会参加一些跑步比赛,而且我在你的资源信息里也看到了你是一位马拉松爱好者。"彤彤妈妈说:"是的,这是我的业余爱好。"接着徐老师把班级里要组织自然运动节活动的意图告诉了彤彤妈妈,并询问其是否愿意担任活动的策划者。一开始,彤彤妈妈婉拒了徐老师,说自己没有策划活动的经验。徐老师没有放弃,不断鼓励彤彤妈妈,并告知自己会协助她一步步完善活动计划。最终,彤彤妈妈决定尝试一下,并向家长们呈现了一份高品质的"班级亲子马拉松活动"的活动方案,也得到了家长们的一致认可。

"绿色义卖,爱心飞扬"是由家长、老师一起组织的蔬菜义卖活动,策划者是文文妈妈,活动从方案的制订、前期准备到活动当天安排等,文文妈妈一直全程参与、积极跟进。但是,活动当天,我们听到了许多家长的反馈:"幼儿园的老师们组织的这个活动真有意义。"我们一想:"不好,明明是文文妈妈策划的活动,结果变成幼儿园老师的成绩,这可不行。"为了让家长们知道"真相",并且感谢文文妈妈,我们在家长满意度调查环节,特意在对活动策划的反馈一栏里增加了策划者"文文妈妈"的姓名,让更多的家长知晓。这不仅是对文文妈妈工作的认可与肯定,同时也是给予更多家长信心,鼓励其积极加入到活动策划的行列中。

(本案例由上海市浦东新区海洲幼儿园陆智华提供)

众多学校的实践说明,家长缺少的不是策划活动的能力,而是没有参与学校教育的意识和主动性,而一旦他们得到学校教育者的鼓励和指导,很多家长就可以胜任策划者的角色。家长作为学校教师的协助者参与到教学活动来,不仅可以使教学活动的形式更多样、内容更丰富,也因此会给学生带来别样的学习体验。

(二) 校外教学任务的合作者

学校教育教学活动的场域包括学校、家庭和社会，而且有些内容需要家校社合作才能完成，比如拓展类课程、研究型课程、各类主题教育、社会实践活动等。家长在这些校外教学任务方面可以"大显身手"，发挥自身优势，深度参与其中。一方面，家长应该配合学校完成子女在家的教育与学习任务；另一方面，家长还可以作为校外课程与教育任务的合作者与执行者。

1. 协助学校开展主题教育活动

学校很多主题教育，如中华优秀传统文化教育、爱国主义教育、劳动教育等，由于所涉及内容广泛、方式灵活，教师可以邀请家长协助开展，发挥家校共育合力，增加活动效果。

上海市松江区佘山外国语实验学校在调研中发现，疫情居家学习期间学生频繁接触电子产品，同时受各种因素影响，焦虑情绪悄悄滋生蔓延。于是，学校聚焦网络安全教育，根据不同年段学生的身心发展特点、认知规律与成长需求，以多元形式指导学生家长开展家庭网络安全教育，帮助学生增强网络安全防范意识和自我保护技能，促进学生身心健康。推进伊始，学校法治副校长为家长写下一封温暖的信函："希望各位家长能够为孩子树立文明、节制上网的榜样，通过和孩子约定使用规范，关闭不必要推送，卸载容易让孩子上瘾的游戏、视频软件等方式，帮助孩子培养健康的兴趣爱好，避免沉迷电子产品……"在信中，法治副校长真切提醒家长密切关注孩子使用电子产品的情况，并向孩子普及预防被伤害的相关知识，防止孩子在网络上认识或结交别有用心的人员进而受到伤害。

学校开展"网络安全齐守护·亲子回信传家风"亲子回信活动。回信大致分为以下三个部分。第一部分"我们的困惑"：结合具体事例描述孩子在网络环境下遇到的困惑、问题等。第二部分"我们的方法"：具体阐述家长如何帮助孩子解决困惑和问题，引导孩子正确、积极对待网络。第三部分"我们的收获"：具体描述经家长指导后孩子的收获与成长。在活动中，家长一字一句仔细研读法治副校长的来信，与孩子共同体会字里行间的真情与温暖，同时以回信的方式体现家长的责任与担当，体验心灵的互通和灵魂的碰撞。

在学校"爱·绽放"家庭教育课程体系的引领下，学校举办了签订"亲子契约"的活动，指导父母如何培养孩子的契约精神，守好网络安全防线。区别于口头上的承诺，父母和孩子之间通过协商建立的文本协议，更容易使亲子双方产生责任感和自律意识。为起到有效监督作用，家长们需要做到严于律己、以身作则。一个周期之后，效果显著，有家长提及受"亲子契约"约束，孩子养成了诸多良好的学习与生活习惯，增强了网络安全意识，提升了学习效率。

家长A：我和孩子签订了"亲子契约"，每周举办一次家庭阅读分享会，规定使用电子产品的时间，以定期出游、亲子劳动等作为奖励措施，引导孩子合理使用手机。经过一段时间的实施，孩子已经基本能做到合理使用电子产品，性格也更加乐观开朗了。

家长 B：每天我以"阅读 30 分钟"作为亲子陪伴时间，以每学期购买 20 本书作为奖励来引导孩子多阅读书籍，避免沉迷于玩手机。孩子通过阅读书籍不仅拓宽了视野，还养成了良好的阅读习惯。现在，孩子每天除了上网课以外，使用电子产品的时间大幅度减少，由原来的每天 2 小时缩短至每天 30 分钟。

家长 C：以前孩子沉迷于网络聊天，有一次差点遭遇网络诈骗，明显缺乏过滤这些不良信息的能力。通过学校开展的读信、签订"亲子契约"及征文等活动，孩子了解了如何避免遭受网络诈骗的方法，主动提出亲子每天共同运动 1 小时作为休闲娱乐方式。当她看到自己的征文被学校推送选中时开心不已，激发了写作热情，还解决了沉迷于网络的问题，可谓一举两得。①

上海市宝山区三湘海尚幼儿园遵循幼儿的身心发展特点与成长需求，家园协同组织幼儿在家长引导下实施劳动启蒙教育。幼儿园围绕"春天"开展"春回餐桌"主题活动，旨在让幼儿感知春天的季节特征，以幼儿享用春季时令美食的形式，丰富与加深幼儿对春天的认知。②

【案例】

家长助力"春回餐桌"劳动教育主题活动

1. 活动目标

幼儿园与家长协商制订活动方案，引导幼儿与家长一起制作与品尝春天的时令美食，并在线上进行"云分享"，帮助幼儿通过参与劳动实践培养劳动意识，掌握一定的劳动知识与技能，懂得尊重他人的劳动，珍惜劳动成果。"春回餐桌"主题活动的目标为：

（1）让幼儿在家长的帮助下，了解春天时令蔬菜的名称与特征，尝试和家长一起制作与品尝春天的时令美食，感受春天是一个万物复苏的美好季节，激发幼儿亲近自然的情感。

（2）组织亲子共同参与制作美食的劳动过程，让幼儿体验家务劳动的辛苦，帮助幼儿改变挑食的不良习惯，学会珍惜劳动成果，感恩家人的付出，增进亲子情感，营造良好的家庭氛围，增强获得感与幸福感。

2. 活动流程

第一步：幼儿园组织开展线上家庭教育指导工作，由各班级的班主任面向学生家长宣传活动的意义、目的、内容与实施路径等，给予家长指导与建议，激发家长参与活动的积极

---

① 蒋丽华.九年一贯制学校网络安全主题教育活动探析[J].现代教学，2023(3—4).
② 朱乐彦，杨金凤.发挥活动育人功能，开展幼儿劳动启蒙教育——以"春回餐桌"主题活动为例[J].现代教学，2021(12).

性与主动性,凝聚家园育人合力。

第二步:亲子互动,由亲子共同准备春天时令蔬菜食材,制作与品尝美食,并拍摄介绍美食的照片与视频,记录亲子参与劳动实践的温馨时刻。

第三步:分享交流,采用线上讨论的方式,组织各班级教师、学校家庭教育指导工作相关负责人、幼儿及家长开展"春回餐桌"主题活动成果分享会,呈现亲子制作与品尝春季时令美食的照片与视频,围绕劳动教育开展小组讨论,评选优秀成果,并借助幼儿园微信公众号进行宣传。亲子共同制作时令美食,既能培养幼儿的动手能力,又能增进亲子之间的情感。同时,幼儿通过介绍美食制作过程,提高了语言表达水平,拥有了成功的体验,树立了自信心。

3. 活动实施路径

"春回餐桌"主题活动以亲子共同参与厨房劳动展开。活动前,教师是家长的指导者;活动中,教师是幼儿的鼓励者,家长是劳动教育的践行者,幼儿是活动的参与者与体验者,家长引导孩子观察与了解春季时令蔬菜的种类与名称,学习择菜的方法,等等。有的家长还带着孩子来到菜地里采摘蔬菜,观察春天的植物。幼儿通过亲近大自然,参与丰富多彩的劳动实践活动,充分感知春天的美好。我们根据不同年龄阶段幼儿的实际情况,开展不同的劳动实践活动:小班幼儿和家长一起剥蚕豆、剥春笋等;中班、大班幼儿和家长一起择菜、洗菜,有的幼儿还向家长学习包荠菜馄饨、做草头饼、做香椿炒蛋、炖腌笃鲜汤等。家长将孩子劳动的过程用视频或照片的形式记录下来,并借助幼儿园组织的云端分享会进行展示与交流。

幼儿纷纷表示:"这次活动,我认识了很多春天的蔬菜,还跟爸爸妈妈一起学做菜和点心,我觉得自己做的菜和点心真好吃,爸爸妈妈都夸我很能干,劳动过程中虽然我感到很累,但也很开心。"从幼儿的言语中,我们能够真切感受到他们十分享受劳动的过程,也收获了劳动的成果,充满成就感。通过制作与品尝一道道时令美味佳肴,幼儿充分感知到春天是万物复苏、欣欣向荣的季节,亲身体验了劳动带来的乐趣,学会了感恩家人的辛勤付出。

(本案例由上海市宝山区三湘海尚幼儿园朱乐彦提供)

面向3—6岁幼儿的劳动启蒙教育应该在具体的生活情境中展开,家长的配合必不可少。基于此,幼儿园联合家长,设计基于生活场景的"春回餐桌"活动。在活动中,教师是活动的发起者和指导者,家长是教师积极的协作者,在教师的指引下,幼儿与家长一起进行劳动实践活动,通过亲子合作参与劳动,家长对幼儿进行劳动启蒙教育,体现了家园共育。

徐汇区汇师小学以文创产品"汇师巾帼黎明寻访地图"为蓝本,探索家校协同下学校研学教育的实施路径,拓宽校本化实践活动项目与载体,引导少年儿童在课堂内外、学校内外、线上线下自主参与丰富多彩、生动活泼的研学活动。在研学设计环节,以"学生主导、家长共同参与"的方式来丰富研学活动。以走进龙华烈士陵园一站为例,学生与家长共同走进龙华烈士陵园,聆听场馆工作人员介绍,了解龙华场馆构造,摘录重要信息和故事。随后通过线上研讨的方式,学生们各自选择负责的板块,开展设计。其中的路线图,就是学生先集体构思路线图内容、板块以及区域分布,再由学生代表绘画草图,最后邀请擅长信息技术的家长协助制作效果图。最后的路线图不仅兼顾功能性,还大大地提升了美观度,当孩子看到自己天马行空的想法在家长的协作下变成精美的视觉图像的时候,惊叹与喜悦充满了整个云空间,家校合育的温暖和兴奋洋溢在每个人的脸上。

在汇师小学课外研学活动中,虽然学校是活动的策划者,但家长却是活动的实施者,如果没有家长的参与,如此高效率地完成亲子研学任务是无法想象的。在这一家校合作开展的亲子研学活动中,孩子和家长共学、共研,促进了孩子的健康成长。[①]

2. 家校共建教师家长联合课堂,家长深度参与教学

PTA 是"Parent Teacher Association"(家长教师联合会)的缩写,是一个以教师、家长为主要成员,旨在加强家庭和学校之间联系与合作的组织。在这个组织中,家长不再是学校活动的旁观者,而是参与者、策划者和执行者。PTA 为家长参与学校教育教学活动提供了一个重要的平台。据课题组调查,在上海中小学、幼儿园设立 PTA 的学校比例不是很高,说明这一重要组织仍然没有受到学校的重视。

曲阳四小改革"家长进课堂"的传统模式,推出"PTA 课堂"。由家长、教师共同合作,课前一起备课,课中协作授课,课后共同评课。为了推进"PTA 课堂"可持续发展,学校还制定了议事制度、联系制度、展示制度、走班制度、共建制度等一系列保障措施,确保"PTA 课堂"有效实施。[②] 曲阳四小"PTA 课堂"实践不同于"家长进课堂"为学生讲课的做法,而是由家长、教师共同合作,课前一起备课,课中协作授课,课后共同评课,家长在整个过程中既是课程建设的参与者,也是教学的执行者;教师和家长的关系既是指导与被指导的关系,又是平等合作的关系。

阅读对一个人成长的意义具有奠基性。培养学生良好的阅读习惯,让他们爱上阅读,是基础教育尤其儿童早期教育的重要目标。因此,很多幼儿园和小学以亲子阅读项目的实施为抓手,开展亲子阅读活动,举行亲子读书展示活动,帮助家长拓宽视野,认识阅读对于孩子发展的重要性,掌握正确的阅读指导方法,积极参与孩子的成长过程,建设书香家庭。

建立长效的阅读行动运作机制,并明确教师与家长的各自职责与分工是有效引导家长参与阅读行动的关键。如,上海市鞍山实验中学开展"魔法阅读"活动,依托网络组建了班级"魔

① 徐芸. 家校协同落实"双减"的路径探索[J]. 现代教学,2022(15—16).
② 郁琴芳. 家校合作 50 例:区域设计与学校智慧[M]. 上海:华东师范大学出版社,2018:29.

法阅读群",明确了教师与家长的角色定位:班主任是活动的组织者、策划者、指导者与协调者;家长是合作者、参与者。在开学初的家委会上,班主任依托问卷了解学生家庭的阅读情况、家长参与"魔法阅读群"的意愿,以及能够承担的相关工作。在"魔法阅读"活动中,家长主要承担以下三项任务:

1. 担任"魔法阅读群"助手,即每天由一个家庭负责整理当天分享的阅读内容,并且推送至班级微信公众号。

2. 担任分享主持人,鼓励家长发挥专业所长,为活动提供专业支持。如学生 A 的父亲是一位高中历史老师,他负责担任《西方历史》一书的分享嘉宾,在阅读该书期间,将"每日新闻"播报板块变成"历史上的今天"板块,每天精选相关资料作为学生阅读该书的补充内容,帮助学生进一步拓展与加深对该书的理解。

3. 担任培训教师,结合阅读的书籍,对学生进行写作指导。如负责单位宣传工作的学生 B 母亲利用自身特长,为学生上了一堂题为"动动笔,你也能成为小记者"新闻通讯稿撰写课,帮助学生学习新闻写作的知识与技巧。[①]

为了更好地帮助学生拓宽视野,班主任通过和家长、学生共同协商,将书籍进行分类,形成了一系列可供学生自主选择的书单,鼓励每个家庭设立读书角,营造良好的书香家庭氛围。为了促进家庭之间进行沟通与交流,班级还开展了"我家的读书角"分享会,利用校园开放日,以家庭为单位进行分享,这有利于家长和学生之间相互学习与借鉴有益经验。

学校把家长当作"教育伙伴",通过绘本阅读指导,使家长深度参与阅读活动,家长和教师在活动中"互相走近""互相发现""互相启发",共同为学生构建阅读环境,为孩子播下热爱阅读的种子。可见,让家长参与学校教育教学的最终目标还是促进孩子的全面发展,家校合力为他们的全面发展护航。

【案例】

让家长成为幼儿园自然教育活动中的指导者

家庭是第一课堂,父母是孩子的第一任老师。家长是幼儿生活和学习中的指导者。在幼儿园自然教育活动中,教师要做的是让"指导者"们更专业,所以教师要针对活动内容和幼儿的特点,有针对性地指导家长如何做。

在小一班的一次自然日活动中,承承的妈妈和媛媛的奶奶来到了班级里,她们分别带

---

① 胡然.建设书香班级　凝聚家校育人合力——以初中"魔法阅读"活动为例[J].现代教学,2021(6B).

着花种和菜苗。两位家长作为种植活动的指导者，来指导幼儿如何播种。在活动前，教师了解到承承妈妈在自家小花园里种了各种花卉，媛媛奶奶在年轻时有务农的经历。因此，两位指导者在种植能力上是没有问题的，但是家长缺乏指导全体班级幼儿以及与其互动的经验。因此教师事先与两位指导者进行了沟通，并指导其如何科学地开展种植体验活动。活动当天，每名幼儿都体验了种植花卉和蔬菜，他们喜欢自然教育活动，也喜欢两位指导者，不停地喊着"阿姨老师""奶奶老师"，并期待她们下次再以"老师"的身份来参加自然日活动。

在利用家长资源开展幼儿园自然教育活动中，教师在让家长的能力最大化地发挥的同时，应逐渐让家长喜欢上指导幼儿的过程，爱上"指导者"的身份，这样才能获得家长可持续的支持。

中三班的樊樊爸爸喜欢体育运动，每周三中三班会在球类区运动，那里有幼儿们喜欢的足球，可是班级里的两位老师对足球的规则不太熟悉，于是教师发动家长来担任家长助教。就这样，樊樊爸爸和幼儿们在球场上打成了一片。时间长了，樊樊爸爸对如何与幼儿交流，什么时候该提醒幼儿去擦汗休息都已很熟悉，幼儿们有时候直接叫樊樊爸爸为"老师"。从樊樊爸爸的每次出席及脸上的笑容，我们能看出他乐在其中。有一次，班级要组织"自然运动节"活动，在教师把活动通知发出后，没多久就收到了樊樊爸爸的报名，他表示非常乐意做此次活动的指导者，指导幼儿及家长参与"亲子马拉松"活动。活动当天，樊樊爸爸还为每位幼儿准备了胸前的编号，他的用心和热心感染了每一个参加活动的人。

（本案例由上海市浦东新区海洲幼儿园陆燕莉提供）

家长参与学校教学，协助教师开展教学活动，可以弥补学校在某些领域的师资、课程以及活动资源的不足。在参与的过程中，家长不仅对学校办学理念以及教育教学有更全面深入了解，也会增加对学校的认同感，成为学校教育者真正的伙伴。

二、家长作为建构者开发并执教课程

家长课程是指在学校的指导下，由家长自主开发并执教的课程，这是很多学校近年来尝试开发的一种新型课程，这类课程往往聚焦某一主题，以短期、高效、灵活、生动为特征。家长课程是对学校课程的进一步拓展和深化，也是学校课程的重要组成部分。

（一）根据家长特点确立课程主题

当前很多学校家长课程是学校根据家长特长和资源，鼓励家长开设的，通常这类课程不在学校课程整体框架之内,但近几年越来越多的学校把家长课程作为拓展型课程纳入学校课程总框架之中。这类课程通常以"家长讲坛""家长进课堂"等方式存在。

学校通常的做法是:第一步,以问卷调查的方式进行排摸,了解家长的自身特长和他们能够支持学校教学的资源,在此基础上建立家长资源库;第二步,结合学校教育需求设计家长可以参与的课程主题,邀请具有相关能力的家长作为课程的设计者和实施者参与课程建设;第三步,课程主题确定后,学校指导家长设计课程内容,给予专业的教学建议,并通过试讲最后确定课程内容和教学步骤。

上海市金山区朱泾地区小学家校联盟的家长志愿者讲师拓展课,旨在让"孩子们体验丰富经历的海洋"。具体步骤是:第一,请家长自报特长,建立师资库。每学期初,三校通过家委会下发报名表,家长根据自己特长主动报名。第二,统筹安排,开设活动课。三校报名表存入联盟家长资源库后由秘书处协调安排,在规定的时间安排家长志愿者开设拓展课供学生选修。第三,双向选择,实施活动课。每学期各年级学生通过自愿报名与教师协调双向选择,参加1—2次家长志愿者讲师的课程。①

独立于学校课程之外的家长课程的内容往往是灵活的、丰富的,但可能因为"家长讲师团"成员的变动而变动,因而整体课程不够稳定。还有一类学校会将家长主讲的课程列入学校课程计划,使之成为学校课程框架的一部分。这类课程往往具有成熟的课程目标和课程开发模式。

上海民办包玉刚实验学校注重家长志愿者队伍建设,尤其在家长志愿者参与学校课程建设方面做出了诸多创新性探索。为了使家长在教育理念上达成一致、在言传身教上形成统一,学校建校之初就建立了中英双语两个家长志愿者团队。中文团队称为"故事"团队,英文团队称为"品格家长"团队,两个团队互为补充。团队成员结合本身的资源和特长,为全校各年级学生量身定制形式多样的课程,包括短剧演绎、游戏、辩论、名人采访等。每位家长志愿者均需参加学校"生命教育"系列讲师培训,经过系统的培训、观课实习之后,家长志愿者会参与低年级学生以绘本阅读为主的教学活动。经过多年的探索,聚焦培养学生的"八大品格","故事"团队形成了一套课程架构,涉及书单和每节课的课程目标、问题清单等课程资源。家长志愿者是主要的授课人,他们以家长的身份走进校园,用新颖的视角和方式引发学生围绕"八大品格"培养方面的主题内容进行深入思考和讨论。②

(二) 以家长为主体建立家长课程开发与教学机制

"家长进课堂"并不是家长想讲什么就讲什么,而是要在学校的专业指导下根据学校教学计划设计家长课程的目标、内容与形式,课程内容要与学校课程一致,并能对其起补充作用。

---

① 郁琴芳. 家校合作 50 例:区域设计与学校智慧[M]. 上海:华东师范大学出版社,2018:70—77.
② 龚势祺. 小学民办学校家长志愿者参与课程建设实践探索[J]. 现代教学,2022(3—4).

大多数学生家长并非专业的教育者,并不熟悉教育教学的基本步骤,教师应给予家长必要的、适当的指导和帮助,帮助家长备好课;最后,在家长讲课的环节中,教师应帮助家长维持课堂纪律,保证其顺利完成,课后还要与家长共同讨论上课的效果以及改进措施。

例如,某幼儿园制定了"家长故事团"工作制度,如下所述:

一、家教工作组负责开展"家长故事团"的指导工作

1. 招募:由公众号、班级群推出招募宣传,有兴趣的家长积极报名参加。

2. 培训:由保教部、家教组委派专业教师对报名的家长进行亲子阅读的培训,培训内容为:如何根据年龄特点为幼儿选择适宜的故事内容;如何开展故事提问;如何采用道具辅助;如何设计多样的阅读方式等。

二、班级教师与"家长故事团"成员共同开展带读活动

1. 教师组织班级"家长故事团"成员共同备课,商量确定家长带读的幼儿人数、幼儿分组数、故事团带读的书目、带读的方式、提问的设计等。

2. "家长故事团"开展的带读方式能对教师的教学工作起到互补作用。

3. 教师帮助、建议家长准备故事团需用的材料与教具。

4. 活动当日,教师根据带读家长的人数进行幼儿分组,家长按各自备课的内容与幼儿进行带读互动活动,教师则巡回给予帮助,活动后进行小结。

5. 每次活动后,教师根据当日活动开展的情况与故事团成员进行即时反馈并相应调整,进一步对亲子阅读的习惯、阅读的方式进行有效指导。

该制度对家长"教师"的招募、培训都做了相应规定,包括教师应该在哪个环节对家长做哪些指导,以及整个家长课堂的流程控制等,都做了明确的规定。实践也表明,家长并不是专业的教育者,直接进课堂会存在一些问题。教师从专业角度对家长进行培训和指导,帮助家长解决课堂上遇到的突发状况是非常必要的。

由此可见,教师在家长课程的开发与实施过程中仍是主导者,家长作为课程实施主体,要在教师的指导下进行教学。学校要建立家校合作的课程开发与教学机制,教师指导家长选择自己所擅长的教学主题与教学内容,并给予家长必要的教学建议。

家长课程按照教学对象,可分为校级课程和班级课程。校级家长课程的开发机制的组织和实施更加的复杂,需要学校课程与教学管理部门与家长对接,并给予指导。

上海民办包玉刚实验学校志愿者课程是在全校层面上实施的课程。中英文两个团队各有一位主要联系人,负责与学校德育工作负责人对接各项重大事项。各年级设有一位备课协调员,负责统筹人员安排、备课和课后反思等行政事务。为了规范家长志愿者团队成员的言行,更加有效地落实学校的课程要求,学校经过反复讨论,形成了一份家长志愿者团队行为准则和

一份针对儿童保护的承诺书,要求每位参与志愿者团队的家长都必须认真学习上述两份文本,并签字备案。学校在备课过程中会持续地为家长志愿者团队提供支持。

一般而言,学校会面向新成员进行以"学校德育课程"和"班级管理策略"为主题的培训,从而使家长志愿者明确自己的职责,掌握必要的教学技巧。通常家长志愿者团队中的年级备课协调员会在授课前两周将教学计划、课件、详案等发送给学校的德育负责人和年级组长。德育负责人主要负责对教学计划中的教学目标的设定进行把关。年级组长会将教学计划和教学资源在班主任会议上进行分享,组织教师针对教学活动的可行性和有效性进行讨论,结合一线教学工作经验,提出调整方案,并给予相关支持。收集教师反馈后,年级组长会在家长志愿者进班授课前一周给予他们相应的修改意见与建议。

教学内容确定后,家长志愿者团队会在进班授课前做一次面对面的排演,并将所有上课所需资料发送给班主任。如有特殊的场地、物品和技术等方面的支持需求,他们则需要直接联系学校总务处。授课时,每次会有两位家长志愿者进入每个班级,随班的两位中外助教也会在现场提供班级管理和小组活动方面的人员支持。课程结束后,德育负责人会从年级组长处收集来自教师的意见,将具有建设性的意见与建议反馈给家长志愿者负责人。家长志愿者在每节课后也会自发地进行集体教研,对自己的教学过程予以反思,梳理与总结教学方面的成功经验与不足之处,为进一步优化教学提供参考。

在班级视域下,家长课程建设与实施的组织工作相对简单,主要是班主任和家委会合作,通过协商确定课程目标与实施方式。

例如,某位班主任希望通过挖掘家长资源,聚焦小学生涯启蒙教育开设班级"家长讲堂"。基于学生成长需求,组建了由班主任、家委会成员和学生代表组成的"核心团队"。具体分工为:班主任依据班级学生成长需求,与家委会成员、学生代表共同商议,确定讲堂的主题和具体实施步骤;指导家长和家委会成员共同完成教学设计以及线上课程资源建设;总结与分析班级活动成效及不足,进行讲堂新闻推送;等等。学生代表参与讲堂内容决策,传达班级学生心声,并参与互动评价。家委会成员参与讲堂整体策划,协同进行前期动员并搜集线上教学资源;参与资料整理和后续评议并给予后勤保障。家长志愿者除了提供讲堂家长资源之外,还参与线下教学、线上微课制作以及活动后续评议等工作。班主任向班级家长发送"家长讲堂征询单",在学生自主邀请家长、家长自愿填报的基础上,搜集讲堂主题,形成"文化与品位、金融与理财、工艺与制作、科技与创新"四大类主题。班主任通过与班级"核心团队"共同商议,精选主题,拟定讲堂菜单,以"每月一课"的方式推进。根据讲堂目标,负责每一讲的主讲家长还会在课堂中推荐相关大学专业以及未来可以从事的职业供学生参考,帮助学生开阔视野,引导学生对未来的专业选择或职业发展有更多的期许。[①]

---

① 杨瑛.混合学习:小学生涯启蒙教育之班级"家长讲堂"的实践探索[J].现代教学,2020(15).

（三）课程内容应符合学生特点，与学校教学内容具有互补性

家长课程的内容应以拓宽学生视野、丰富学生学习经历为目的，由于家长的教育背景、职业经历不同，所以家长课程呈现出生活化、时代性特征。家长课程应该给学生带来不同于学校课程所能获得的经历与体验，其课程内容是学校课程所没有或很少的。学校通过积极引入家长资源，结合家长们的职业优势，和教师共同备课，设计课程内容与活动流程。家长作为非专业教学者提供的课程资源，拓宽了学生的视野，丰富了学生的体验，同时，也拓宽了教师的教育视野，可谓一举多得。

许多家长具有较高的文化素质和自己的专业特长，在教学中，根据需要，可以邀请家长到课堂上辅教或者主教某些课程。很多家长反映这很有意义，同时通过参与学校教育教学，他们也能关注孩子的学习状况，增强与老师的亲密关系，树立对孩子教育的信心。

例如，语文课上介绍某一风味小吃，教师在介绍其制作过程时，可以邀请从事饮食行业的家长到班上来详细讲解该小吃的制作过程，如果有条件，还可以把课堂搬到实际的生产现场中去。这样不但可以引发学生兴趣，活跃课堂气氛，提高课堂教学实效，而且使家长与教师成为亲密的合作伙伴，加强家长与班级教学与管理的联系，最大限度发挥家长的才能与特长。

实践证明，引进家长力量，让家长进课堂，既可以丰富拓展课程内容，开阔学生的眼界、丰富学生的体验、提升课堂的趣味性，又可以促进家长对学校的了解与信任。但是，作为教育专业工作者的教师给予家长以恰当的指导，把握好课程的质量，也是非常必要的。

三、家长参与课程与教学质量评价

家长对学校教育教学的参与还体现在对学校课程与教学质量的监测与评价方面。家长虽然缺乏教育专业知识，但是不代表家长不能对学校课程进行评价。当然，家长对学校课程与教学进行评价的目的与方法，与教育督导部门以及专业教学评价机构对学校的评价有本质的不同，家长是从改进与提升的视角对学校教育教学活动予以审视、评鉴，并在此基础上提出进一步改进的建议。家长的建议可以直接或间接影响学校课程计划或教师教学行为，促进学校变革。

（一）家长以"督学"的方式参与教学评价

家长可以在学校的指导下，对学校教育教学工作进行评价，内容涉及课程实施、教学管理、学生活动等内容。很多学校以家长"督学"的方式让家长参与教育教学评价。

例如，上海市澄衷初级中学的"澄心"家长督学支队的成员每学期至少到校听课一次。学校建立了家长参与学校课程教学的制度，邀请家长步入校园、走进课堂，亲临教育教学第一线，通过观摩课堂、"两操"情况，感受校园、班级的文化氛围，了解学校教育教学的各个方面，感受

学校教育环境、教师教学能力、课堂师生关系等,让家长更多地了解学校,了解孩子在校学习生活情况,并为学校教学工作提出意见和建议。家长会根据督学情况,对学校教学管理流程提出建设性的建议,真正实现"家校携手、共话成长"。[①]

上海市长青学校在推进"家长督学"机制的基础上,又成立了"家长促学团","家长促学团"成员同样从家委会中产生。"家长促学团"是代表广大家长参与家长学校的运作,参与家长学校课程内容的设计、实施及效果评估,监督家长学校的规范有序、持续推进。"家长促学团"与"家长督学团"在学校家庭教育领导小组的统筹安排下,相互协作,从不同的维度开展"督学"工作。"家长促学团"参与到家长学校课程的目标制定、内容选择、组织实施、评价效果之中。从系统知识到专项主题,"家长促学团"从家长的角度,在家长中开展调研,了解家长的需求,为家长学校课程的目标制定和内容选择提供了有力的参考依据。在家长学校课程实施后,"家长促学团"通过访谈、问卷调查了解课程的效果,并根据反馈提出建议,对课程作进一步的调整与完善。[②]

(二)学校设计评价工具引导家长科学评价

学校要为参与评价的家长提供科学的评价工具。教师可以和参与评价的家长共同商议,制作家长能够理解操作的评价表,根据所评价项目的内容、形式及家长参与情况来设计相应的评价内容。在整个过程中,学校要给予家长专业的指导。如,学校可以针对课程与教学的某一项内容研制评价指标、评价标准、评价方案,最后形成具体的评价表,而且这些评价表要提前发给家长,并向家长详细介绍评价指标、评价标准的制定依据,以及家长在使用评价表时需要注意的事项,即要让家长清楚"为什么评""评什么""怎么评"。学校要对家长的评价结果认真研究,并制定改进措施,并向家长做好解释工作。

通过家长参与教育教学评价,学校引导家长深度参与学校,这是现代学校治理的一大特征。实践中,家长参与教育教学评价在幼儿园比较普遍,而中小学较少。

【案例】

家委会参与幼儿园课程质量监测

幼儿园的保教质量是一所学校的立园之本,其衡量方法和基础教育质量监测不同,不是一张试卷和一个分数就能判定的。如何让幼儿园的家长们了解现有的幼儿园课程质量,让家委会的教育监督权做到"落地有声",成了值得思考的问题。因此,幼儿园成立了项目组,力图让家长参与课程质量监测,了解幼儿发展情况,传递正确的科学育儿理念。

---

① 郁琴芳. 家校合作50例:区域设计与学校智慧[M].上海:华东师范大学出版社,2018:351—356.

② 李静.家长参与学校教育 奏响家校合作变奏曲——上海市长青学校家校合作新机制的实践研究[J]. 现代教学,2021(5B).

在每学期课程监测开展前,家委会和幼儿园会在一起共同商讨。由家委会主任提出落实课程监督的意向,园长介绍课程监测的园方安排,双方根据实际可行性商讨制成可选式项目菜单。菜单中包含家委会可选的监测课程内容、监测时间、所需人数和要求,并发布在家委会微信群中,让家长们能根据自己的时间、特长、需求自主选择,何时何地参与哪一次的质量监测活动。选用建群公布菜单,而不是进行点对点预约,目的让每一个班级、园级家委会都有公平的机会参与课程监测,确保家委会行使教育监督权渠道畅通。可选式"课程监测菜单"也进一步确保不同特长的家长能够在确切的时间点,来园支持幼儿园课程监测。

为了保证监测的客观、公正,园方邀请家委会成员和老师一起到每个班随机抽取被测幼儿。通过让家长全程介入,看到各类孩子的表现和发展。全程介入还包括课程监测数据汇总和分析、公示等环节,都有家长的全程参与和互动。从而实现家委会和幼儿园携手合作,从不同角度看真现场,为幼儿发展出良策,让教育监督权落地有平台。在家委会参与课程质量监控项目的引领下,家园合力手拉手真正建立起家委会和幼儿园间的桥梁,让家委会的监督权"落地有声"。

(本案例由普陀区石岚新村幼儿园陈喆提供)

实践证明,家长通过"督学"参与教育教学监测,可以更深入地了解学校教育教学工作和学生发展情况,有利于家长理解、认同学校教育理念,有利于促进家校双方的相互信任,并在相互信任的基础上,密切合作,合力育人。

【案例】

让家长成为幼儿园自然教育活动中的评价者

家长和孩子的生活息息相关,家长是幼儿园教学活动的重要评价者。教师在每学期的学期初向家长推荐幼儿在自然教育活动中的发展目标供家长参考,活动后,向家长收集家长满意度调查表,利用家委会会议、家长座谈等形式倾听家长对自然教育活动的评价意见等,推进下一次自然教育活动更好地开展。

"孩子通"软件的评价功能非常便捷,当家长在分享幼儿生活点滴时,就可以马上对幼儿的行为进行评价。"孩子通"软件的评价功能更便于家长随时对幼儿的自然教育活动进行记录和评价,操作方便且专业科学。教师在"孩子通"上发布了幼儿参与自然教育活动的内容,家长可以对其中幼儿的行为表现进行评价。家长的评价与教师的评价相结合,以家长和老师的双重视角,可以更全面地分析幼儿在自然教育活动中的表现,得出更精准的评价。在整个评价过程中,家长积极融入幼儿园自然教育,耐心观察幼儿,真正走进幼儿的世界,成为幼儿成长路上会理解、会评价、会支持的知心朋友。

在"秋拾硕果、乐享丰收"活动中,家长们利用国庆长假,与幼儿一起走进自然,寻找秋天,感受丰收的喜悦。亲子挖莲藕、采菱角、挖红薯、抓螃蟹、割稻子,在劳动中体验收获。大四班的郡主和妈妈来到大妈家一起收稻谷,妈妈们有丰富的收稻谷经验,郡主有模有样地学着。整个过程中,妈妈没有干预孩子,而是默默地观察,当孩子提出问题了,遂耐心地回答和引导。妈妈还用照片和视频记录了这次的收稻谷体验,在"孩子通"里添加了评价。因为有专业软件的引领,妈妈了解到了可以通过哪些方面去观察孩子,包括健康与体能、习惯与自理,以及探究与认知等。在老师的指导下,妈妈学习了如何全面、科学地去评价孩子的行为。郡主妈妈观察到郡主在收稻谷的过程中,全程保持愉悦的心情,且能够耐心地用扫帚将稻谷聚拢,于是在"健康与体能"一栏记录了"情绪安定愉快"这一评价;郡主妈妈听到郡主在和姐姐妹妹们一起收稻谷时,会使用文明用语、且能正确使用劳动工具,做到轻拿轻放及时整理,于是在"习惯与自理"一栏记录了"具有文明的言行举止"的评价;郡主妈妈还感受到郡主有时候会蹲下身摆弄着地上的稻谷,因为谷粒很小,会凑近了去研究、向姐姐请教自己的疑惑,于是在"探究与认知"一栏里记录了"探究中认识食物与现象"。郡主妈妈非常享受对郡主的评价,因为这让她更深入地了解孩子,在评价的过程中,郡主妈妈也发现了自己的成长,她说:"体验科学专业的评价让我更懂教育了,激励我多陪伴孩子,从而让更多评价栏里的良好学习品质、生活习惯在我孩子的身上体现。"

(本案例由上海市浦东新区海洲幼儿园陆燕莉提供)

(三) 家长参与课程审议

审议是指通过对特定对象、现象的深入考察、讨论及权衡以作出一定选择的活动。课程审议是指课程开发的主体对具体教育实践情境中的问题反复讨论权衡,以获得一致性的理解与解释,最终作出恰当的、一致的课程变革的决定及相应的策略,是课程开发的重要途径和方法。在课程审议中,课程开发者看清并深入分析现实问题,将自己的价值观渗透到课程之中。从这个意义上说,课程审议也是行使课程决策权——即决定教什么和如何教。[1] 近年来,随着教育民主化进程的发展,家长参与学校教育的权利意识不断觉醒,很多家长也会发起课程审议。学校和教师要及时为家长参与课程审议提供相应的支持,包括物质支持和专业支持等。

普陀区恒力锦沧幼儿园以课程审议为载体,引导家长参与幼儿园课程的实践研究已经开展多年。课程审议的主体是家委会课程组。通过多轮家长对幼儿园课程审议,恒力锦沧幼儿园形成了家长参与观察幼儿表现和参与评价教师教育行为的方法与流程。随着区级一般课题"立体架构式课程审议推进幼儿园环保教育的实践研究"的推进,家长们也纷纷参与到了恒力

---

[1] 虞永平.幼儿园课程中的家长参与和家长发展[J].学前教育研究,2006(6).

锦沧幼儿园环保教育课程审议中。[①] 恒力锦沧幼儿园的全体家委会成员走进教室,就每个班级创设的环保主题墙是否具有教育价值、是否符合幼儿的年龄特点进行了审议。家长们从墙面创设的美观、幼儿是否参与、是否使用环保材料等基本要求开始进行审议,接着通过和班级孩子的交谈来了解环保主题墙面是否受到幼儿喜爱、幼儿是否能熟悉环保主题墙面内容。通过审议,家长们表示恒力锦沧幼儿园每个班级创设的环保主题墙面各有特色,墙面内容对孩子的环保行为具有深远的教育意义。家长参与幼儿园的课程审议,为恒力锦沧幼儿园核心课题研究提供了建设性的意见,体现了家长是参与幼儿园课程审议的主体,也体现了幼儿园课程审议的群体性、资源性和服务性。

基于以上分析,家长参与课程审议应该注意两点:一是校方要真诚地把家长看做是自己的"教育伙伴",而且笃信家长参与课程审议对提升学校课程质量具有较大的促进作用;二是在整个课程审议的过程中,学校要为家长提供科学且易操作的"支架"——具体的审议工具,并在审议过程中给予家长专业的建议,引导家长在进行评价时如何去观察、理解学生和教师的行为。只有这样,家长的审议意见才是有效且可信的,家长参与学校课程审议的行动才会真正起到促进学生发展,改进教师教育行为,提高课程质量的作用。

---

① 家长参与,推进幼儿园课程审议的研究[EB/OL]. (2017 - 10 - 20)[2023 - 12 - 05]. https://www.shpt.gov.cn/jyj/keyan-jiaoyu/20181120/353598.html.

第六章

家长成长与参与能力的提升

现代学校治理对家长参与学校教育的能力提出了新要求。新时代家长应该是一个与时俱进的学习者,既要提升自身的教育参与能力,履行家长的教育参与权,又要学习如何做一个合格的家长,承担起家庭教育的主体责任。学校应加强家庭教育指导工作,建设多样化家庭教育课程,引领家长成长,增强家长参与学校治理的能力,促进学校治理现代化水平不断提升。

《幼儿园教育指导纲要(试行)》指出,"家庭、社区是幼儿园重要的合作伙伴,应本着尊重、平等、合作的原则,争取家长、社区工作者的理解支持和主动参与,并积极支持、帮助家长提高教育能力"。在家长参与学校教育教学活动的过程中,很多家长并不明确自己参与学校教育的意义,对于如何参与以及如何承担起自己的职责也不是很了解。学校应重视家长作为"学习者"的角色,通过开展家庭教育指导、成立家庭教育工作坊、建设家庭教育课程以及鼓励家长自我学习等方式,引领家长成长,提升家长的家庭教育水平,增强参与学校治理的能力。

一、引领家长成长是新时代学校的新课题

世界各国都意识到家庭教育在整个国民教育中的基础性作用。"所有人都在展望教育改革,若要建筑坚固,就必须打好基础——家庭。无论贫富,家庭教育都必须得到补充,因此国家要为儿童、为家长、为那些即将成为父母的人建立教育机构。"[1]引领家长成长已经成为新时代学校的新课题。《中华人民共和国家庭教育促进法》提出了中小学校在家庭教育方面的责任:"中小学校、幼儿园可以采取建立家长学校等方式,针对不同年龄段未成年人的特点,定期组织公益性家庭教育指导服务和实践活动,并及时联系、督促未成年人的父母或者其他监护人参加。"加强家庭教育指导工作,促进家长成长,就家长对孩子成长中遇到的问题,从理论、方法、内容等方面进行指导,提升广大家长的家庭教育水平,是新时代学校发展的新任务,也是学校教育者面临的新挑战。

(一)家庭教育指导能力是教师需要具备的专业素养

有研究者用"学校家庭教育指导须把握'四个第一'"对家庭教育及其指导工作的地位与实施要点做了精要的解读:家庭是儿童人生的"第一所学校";家长是孩子健康成长的"第一责任人";学校要帮青少年"扣好人生第一粒扣子";教师应成为学校家庭教育指导的"第一实施

---

① 格雷恩·奥尔森.家校关系:与家长和家庭成功合作[M].朱运致,译.南京:南京师范大学出版社,2014:123.

者"。① 前两个"第一"强调了家庭以及家长对孩子健康成长的重要性;第三个"第一"阐明学校在家庭教育指导工作中的责任与义务;第四个"第一",则说明教师作为家庭教育指导工作"第一实施者"的重要性。作为学校家庭教育指导的"第一实施者",广大教师承担着引导、指导家长,提升家庭教育水平的重要任务,家庭教育指导能力不可避免成为教师必备的专业能力之一。

任何教育改革的顺利推进如果没有教师的支持,都是空谈,家庭教育指导工作亦是如此,广大教师作为学校家庭教育指导的"第一实施者",承担着引导、指导家长,提升家庭教育水平的重要任务。教师是与家长接触最多的人。教师与家长打交道的方式,直接影响着家长参与学校教育教学的积极性和家校合作的效果。教师与家长的合作能力以及对家长进行家庭教育指导的能力,是新时代对教师专业发展提出的新要求。

具体而言,家庭教育指导是教师为家长提供适合的引导、支持、帮助或指导,以改善、提升、促进家长的家庭教育水平为目标的教育实践行动。教师和家长的互动,是双方在彼此尊重的基础上良性互动的过程,教师愿意给予,家长愿意接纳,是这一教育实践行动得以有效顺利实施的前提与基础。可以说,面对来自不同社会文化背景而家庭情况各异的家长,一个胜任的家庭教育指导者呈现的不只是一个具有深厚专业素养的"职业人",还是一个心理健康、人格健全,能够影响家长、触动家长心灵,让家长敞开心扉接受教师帮助与指导的具有人格魅力的"人"。

教师作为一个胜任的家庭教育指导者,首先是一个身心健康、人格健全,具有深切爱心和高度的责任感的人,这是家庭教育指导之道、根本、基础,其次是在此基础上关于家庭教育指导的知识与技能——家庭教育指导的术的学习与灵活运用。基于此,教师家庭教育指导能力结构包括三个部分:爱与责任、知识与技能、智慧。其中,以知识与技能为主要内容的专业素养体现的是一个教师作为"专业人"的一面,而其能够感动家长、打开家长心扉的人格魅力则体现了教师作为整体的人对家长的影响力。

1. 爱与责任

一个胜任的家庭教育指导者首先应该具有爱心和责任心。这等同于朱小蔓提出的教师专业发展中的第三个系统——伦理与心理人格系统中的"教师爱、教育爱"②。当一个教师具有了"教师爱、教育爱"时,责任心就会随之产生。

首先,教师应具有仁爱之心。与仁爱之心相关的品质包括尊重、平等、同理心等。教师应该具有一颗善良的心灵,当教师对世间人事怀有深切关怀的时候,就会产生同理心、同情心,会尊重每一位来自不同经济条件与文化背景家庭的家长,对他们抱有同情之理解,愿意给予真诚的帮助与支持,而家长也会乐意接受教师的帮助与指导。

① 刘静,李金瑞.教师家庭教育指导实务(高中版)[M].上海:上海社会科学院出版社,2018:代序.
② 朱小蔓.谈谈"教师专业化成长"[J].南通师范学院学报(哲学社会科学版),2001(1).

其次,教师应具有高度的责任心。责任心是由仁爱之心生发出来的,只有一个具有爱心的教师,才会具有责任心。与责任心相关的品质包括敬业、肯负责、能担当等。因为有着高度的责任心,教师对自己所从事的职业抱有敬畏感,尊重并热爱自己的职业,愿意全身心投入其中,并从中获得快乐与幸福。教师只具有责任感还不够,还必须具备肯负责、能担当的勇气与胸怀,如此,当他们面对一个需要帮助的错综复杂的家庭的时候,才会挺身而出,主动给予帮助,并愿意承担相应的责任。

爱与责任支撑起一个教师人格的底色,也是其能胜任家庭教育指导的核心支柱。

2. 知识与技能

作为一个家庭教育指导者,教师只有爱心与责任心也是不够的,还必须具有专业知识与技能,其中既包括认知层面的知识,也包括实践层面的操作型与技能型知识。

教师应该具有较为系统的与家庭教育相关的知识。如,关于学生成长阶段特征的知识,关于亲子关系的知识以及不同家庭的文化、生活方式及其家庭教养方式等知识。这些知识涉及教育学、心理学、社会学等多学科领域。教师只有掌握这些知识,才能正确地对家长遇到的问题做出专业的判断,从而游刃有余地找到有效应对的方法。一个胜任的家庭教育指导者,应该至少具备如下五种能力。

(1)了解与发现

即教师认识规律、了解事实的能力。教师必须能够了解学生家庭与家长的社会文化处境,发现家长在家庭教育方面的问题与困惑,以及导致这些问题与困惑的原因,这是顺利、有效对他们进行帮助与指导的第一步。这是一种需要教师在实践中不断学习才能获得的能力。

(2)倾听与表达

对于大多数教师而言,用语言进行描述、解释与表达的能力都是具备的,但当他们面对家长时,其积极倾听的能力就显得更加重要。教师要真诚、耐心地倾听家长所说的话,并能在这一过程中及时给予家长恰当的回应与适当的反馈。只有当家长感觉到自己被尊重,才会充分表达内心的想法,乐意与教师进行对话,教师才有介入家庭进行指导的可能。可以说,当谈话的双方真正倾听了别人所说的话并能恰当地回应,沟通的双向流动就开始了。[①] 如果不会倾听,再能说会道的人也不可能创造平等的对话。实践证明,有很多教师在与家长进行交流的时候缺少的就是积极倾听的能力。

(3)沟通与协调

教师在指导与帮助家长的时候,可能会涉及亲子关系、亲师关系、家校关系等多种关系的处理,这就需要教师能够在错综复杂的关系中找准核心问题、关键矛盾,并积极协调、妥善处理这些关系,照顾每个当事者的情绪,这都需要较强的沟通与协调能力。

---

① 格雷恩·奥尔森. 家校关系:与家长和家庭成功合作[M]. 朱运致,译. 南京:南京师范大学出版社,2014:105.

以博格(Berger)、里奥哈斯-科尔特斯(Riojas-Cortez)在《亲职教育与亲师合作:家庭、学校与社区》一书中提出的"善于沟通的教师会遵行的原则"为例[①],其八条原则如下所述:

- 全心全意倾听家长所说的话,彼此有眼神接触,通过身体语言清楚表示对家长意见的专注。
- 用合乎文化的沟通方式。
- 倾听并重述家长关心的课题,澄清说法,辨别意义,确定讯息,避免用封闭式、批判式或道德式的回应。
- 尊重家长。教师明了家长的关心、意见与问题,此乃了解与沟通的要素。
- 体察家长的感受。教师能与家长讨论多少? 双方需先建立良好亲师关系之后,才能完全分享对孩童的关切。
- 调整讨论以适合家长处理情况的能力。
- 当家长可能无力处置孩童的困难时,请勿责怪,反而要多花点时间与家长研商。
- 强调孩童的问题并非任何人的错误。

细读这八条原则,与其说这是讲沟通的技能与外部的行为,不如说这是讲教师在面对家长时所表现出来的内在"态度"。教师的积极倾听能够向家长传递一种建立真正的双向交流的愿望,从而开始让双方的地位趋于平等。[②] 这些态度涉及的是教师对家长的态度,呈现的是教师的人格修养。如果不能用平等、尊重的态度对待家长,即使教师有一身的"沟通"技能,也是没有用的;因为很多技能是可以练习和学会的,但"道"的养成与修炼却不是朝夕之间的事情。

(4)设计与组织

是指教师设计、组织活动的能力以及设计、营造情境的能力,例如,设计一次有效率的家访、组织一场成功的家长沙龙、设计一次家庭教育情境、组织一次亲子活动等,都需要教师具有规划、设计、组织与实施的能力。

(5)学习与反思

是指教师在日常教育生活中自我学习与反思的能力,教师通过自我反思与审视,可以有效地积累家庭教育指导方面的成功经验,并能清醒地认识到自己的不足,从而在实践中不断增强自己的能力。

3. 智慧

教师的智慧虽然不可见、难以量化,但是却很容易被感知。一个有智慧的教师具有以下特

---

① Berger E H, Riojas-Cortez M. 亲职教育与亲师合作:家庭、学校与社区[M]. 杨雅惠,等,译. 台北:华腾文化股份有限公司,2013:6—13.

② 格雷恩·奥尔森. 家校关系:与家长和家庭成功合作[M]. 朱运致,译. 南京:南京师范大学出版社,2014:105.

征:深刻的洞察力,即能够迅速认识到并能够正确判断某个家庭的家庭教育问题所在;高度的敏感性,指教师能够敏锐地体验到别人察觉不到的东西,如能精准地感知家长的情绪,以适时调整自己与家长沟通的内容与方式;灵活的变通性,即当教师面对不同家庭的时候,能够创造性地灵活运用各种方法,因人而异,因势利导;持续的行动力,即一个教师其智慧不止体现于思想与精神层面,更体现于其能够坚持不懈地采取以问题解决为导向的持续的行动。

在家庭教育指导能力结构中,爱与责任是支撑起整个结构的核心支柱,而知识与技能以及智慧则是这一结构中的必要内容。这样的结构特征是由家庭教育指导对象的特殊性决定的。作为成年人,能够愿意走入学校、亲近教师,获得帮助、支持与指导,与教师对家长是否具有尊重、平等的态度有着直接的关系。因此,仁爱之心与责任心是教师从事家庭教育指导工作的根本之道。与之相对应的,教师的专业素养相当于家庭教育指导的"术"的层面。道为本,术为用,教师只有具有家庭教育指导之"道","术"才能有"用武之地"。因此,一个胜任的家庭教育指导者,首先应该是一个具有深切爱心和高度责任感的"好教师",之后才能成为一个优秀的家庭教育指导者。

(二)教师开展家庭教育指导的要点

随着社会经济的迅速发展,家长对家庭教育日益重视,对家庭教育指导的需求呈现多元化趋势。《中华人民共和国家庭教育促进法》指出,"家庭教育,是指父母或者其他监护人为促进未成年人全面健康成长,对其实施的道德品质、身体素质、生活技能、文化修养、行为习惯等方面的培育、引导和影响"。但是,现实情况是,很多家长不知道如何与孩子进行有效沟通,因此更谈不上"教育"。

课题组的调查数据也说明,无论是学校教育者还是家长本人,都希望能够在家庭教育指导方面获得教师的帮助和指导,家长希望教师指导、引导他们能够有效应对孩子成长过程中可能遇到的各种问题。教师指导家长可以从以下几个方面着手。

1. 家庭教育指导的目标要适切、明确,符合学生的家庭实际

父母在家庭教育中的作用是任何人都无法取代的。家庭教育指导的目标是通过促进家长成长与改变进而促进孩子的改变。教师要针对当事学生与家长的实际情况,提出明确的家庭教育指导目标,即对孩子哪方面有所改变、促进家长有哪些转变,有清晰的目标预设。同时,在指导过程中,教师要以发展的眼光看待家长和孩子的问题,能够根据情况调整自己的目标预期。

2. 家庭教育指导的内容应该具有针对性,符合家长需要

家庭教育指导的内容要切合家长实际,能够针对学生家长群体的多层次和多样性状况,就学生成长中遇到的问题,给予家长针对性的建议,让家长能够认识到问题根源,学习到先进的家庭教育观念和科学的方法,能够收获关于如何开展家庭教育、改善亲子关系等方面的认知与技能。主要包括以下内容。

（1）科学的家庭教育观念

学校教育者要指导家长树立科学的家庭教育观念。《中华人民共和国家庭教育促进法》指出，家庭教育要坚持以"立德树人为根本任务，培育和践行社会主义核心价值观，弘扬中华民族优秀传统文化、革命文化、社会主义先进文化，促进未成年人健康成长"。家庭教育的主要任务：一是培养中华民族共同体意识和家国情怀；二是培养良好社会公德、家庭美德和个人品德；三是培养科学探索精神和创新意识；四是培养良好学习习惯和行为习惯；五是培养自我保护意识和能力；六是培养热爱劳动的观念等。很多家长的家庭教育观念是不正确的，比如，不少家长认为，教育孩子是学校老师的事情；有些家长只看重孩子的学习成绩，从而忽视了孩子其他方面的发展……观念决定行为，家庭教育的很多误区都是由家长不正确的家庭教育观念导致的行为偏差造成的。因此，教师在家庭教育指导过程中首先要向家长传递科学的家庭教育观念。例如：要让家长认识到，家长是教育孩子的第一责任人；引导家长了解自己孩子的发展特点，正确看待学习成绩，引导家长科学认识父母的言行对孩子成长的重要影响力，引导家长认识到"成人"比"成功"更重要，等等。

（2）引导家长学会反思自省、自我学习

一个问题孩子后面，常常会有一个有问题的家庭或者有问题的家长。但在现实情况中，很多家长并没有意识到自己的问题。所以在做家庭教育指导时，教师要让家长认识到，家长要学会自我反省，发现自身的问题，不断改变自己、提高自己。教师可以在指导的过程中，通过各种方式让家长知道优秀的、智慧的家长是什么样的，可以指导家长制订自己的学习计划，为家长提供学习资源与学习途径，支持家长通过学习提升自身的家庭教育观念与方法。教师要引导家长不要把眼光只放在孩子的学习成绩上，需要从促进学生终身发展的视角，尊重他们未来多样化发展的可能性。

（3）教师要教给家长科学适用的方法

《中华人民共和国家庭教育促进法》提出，未成年人的父母或者其他监护人实施家庭教育，应当关注未成年人的生理、心理、智力发展状况，尊重其参与相关家庭事务和发表意见的权利，合理运用以下方式方法：（1）亲自养育，加强亲子陪伴；（2）共同参与，发挥父母双方的作用；（3）相机而教，寓教于日常生活之中；（4）潜移默化，言传与身教相结合；（5）严慈相济，关心爱护与严格要求并重；（6）尊重差异，根据年龄和个性特点进行科学引导；（7）平等交流，予以尊重、理解和鼓励；（8）相互促进，父母与子女共同成长；（9）其他有益于未成年人全面发展、健康成长的方式方法。学校教育者可以参照这些建议教给家长科学适用的方法，如，建议家长尊重孩子，首先要建立平等的关系，营造和谐、民主的氛围；家长要学会倾听，多听听孩子自己的想法；家长切忌把自己的观点强加在孩子身上，并告诉他们要为自己的决定承担后果。

3. 家庭教育指导的方式应该具有针对性

家庭教育指导的形式要能够吸引家长。比如，很多家长可能觉得专家报告具有很高的理论水平,但是当面对自己孩子的问题时仍然不知道如何正确地运用学到的理论知识去处理自己的问题。因此,家庭教育指导的方式应该是多样化的,要有针对家长群体的专家讲座,也要组织一些能够体现家长差异性的活动,比如个别家庭教育咨询活动,邀请专家对某一类或某一个家长的家庭教育行为进行诊断的家教指导活动,帮助家长解决平时遇到的实际问题。

教师面对的是一个个学生,因此要从学生具体的个性化问题出发,针对学生家庭进行个别诊断,追踪式指导。有学校通过建立学生家庭教育档案的形式,针对个别家庭存在的问题,开展系统、严谨、有目标、有计划的指导。

上海市奉贤区肇文学校是一所外来务工子女家庭占比 65% 以上的乡镇学校,非独生子女家庭占比 50% 以上,离异、单亲等特殊家庭较多,学生家庭构成相对复杂。家长文化水平总体不高,家长家庭教育理念存在偏差、家庭教育方法缺失,亟须有效的家庭教育指导。另一方面,学校教师大多来自城区,对乡镇学生家庭的了解相对较少,大多数教师还未结婚生子,缺少做家长的体验和经验,对家庭教育指导更是茫然。针对这种情况,学校以建立学生家庭教育档案为抓手,让教师走进学生家庭,促进家校有效沟通与互动。

为了解学生家庭及家长家庭教育现状,学校精心设计学生家庭教育档案记录的内容,包括家庭基本信息、家庭教育现状、家校合作理念、家庭经济状况,以及学生家庭情况分析、学生家庭情况变动等。通过家庭教育档案的设计,有意识地引导教师多角度关注和了解学生的家庭。为深入了解学生家庭,记录学生家庭教育档案,学校积极组织教师开展家访活动。每年假期,学校行政领导带队,班主任与任课老师以团队的形式开展全员家访活动,深入走访学生家庭,与家长主动沟通,以家庭教育档案内容为重点指引,加强观察和了解,细致分析学生家庭情况。在完成家访后,教师及时进行记录、分析、总结,为每一名学生建立家庭教育档案。学生家庭教育档案不仅记录着学生的家庭情况,更反映出家长家庭教育的现状、困惑及需求等。学校认真分析学生的家庭教育档案,以问题为导向,积极开展基于校情的家庭教育指导工作。[①]

【案例】

建立学生家庭教育档案,开展针对性家庭教育指导

1. 个性问题的一对一指导

在了解学生家庭、深入分析家庭现状的基础上,学校积极开展一对一的个性化家庭教育指导。教师们走进蔬菜大棚,对亲子矛盾进行分析疏导;走上农田小路,对离异家庭隔代教养的爷爷奶奶进行方法指导;走进租住的平房小屋,对疏于管教的随迁子女家长进行提

---

① 沈淑群.建立学生家庭教育档案,积极促进家校融合——上海市奉贤区肇文学校学生家庭教育档案的实践探索[J].现代教学,2019(22).

醒引导等。例如,小 A 同学,父母以承包蔬菜种植为生,工作忙碌,生活拮据,哥哥因吸毒多次被送入戒毒所,留下一个六七岁的孩子无人照顾,小小年纪的小 A 还要帮着父母照顾幼小的侄子。随着青春期的到来,复杂的家庭情况、贫困的生活环境以及父母由于第一个孩子的教育失败而对他的严格束缚,对小 A 的心理产生了巨大的影响,父子间的矛盾日益突出,小 A 变得越来越叛逆。针对该学生的家庭情况,校长陪同班主任一起走进其父亲租住的平房小屋,一方面对学生进行心理疏导,另一方面耐心地对父子之间的矛盾进行分析,对亲子沟通的方法进行指导,指导家长要重视亲子陪伴,关注孩子心理成长的需求,尝试改变与孩子沟通的方法。经过多次沟通与指导,父子关系有了很大改善,孩子的情绪逐渐稳定,行为习惯、学习状态不断改善,顺利考上了高中。

2. 共性问题的集体指导

针对家庭教育档案反映的家长普遍存在的困惑及家庭教育指导的需求,学校积极依托家长学校开展集体指导。如一年级重在幼小衔接、小学低年级重在习惯养成、小学中高年级重在兴趣培养、五六年级重在青春期指导、七八年级重在亲子沟通、九年级重在生涯规划指导等,定期邀请专家为家长开设讲座,通过专家的引领为家长答疑解惑。同时,根据不同年段学生身心发展的特点及家庭教育指导的普遍需求,学校精心设计内容,让家长学校课程更具针对性。同时,根据家长文化水平不高、家庭教育理念陈旧、家庭教育方法缺失的现状,学校积极开展"书香家园"活动,发动学生和家长参加读书分享、亲子朗读比赛等,父母和孩子共同学习,努力营造浓厚的家庭读书学习氛围,让读书成为推动家长自主学习及理念提升的重要抓手。

作为九年一贯制学校,学生在校的九年中家庭情况可能会发生变化,家长的教育理念和方式也可能会随着孩子的成长发生变化。为了保证家庭教育档案的延续性和有效性,学校做好对学生家庭教育档案的动态跟踪管理,提醒教师实时关注学生家庭情况的变化,将变化及时补充记录在学生家庭教育档案中的"家庭情况变动"一栏,并关注家庭情况变动对学生的影响,及时进行针对性指导。同时学校德育处定期汇总学生家庭教育档案并存档。

(本案例由上海市奉贤区肇文学校沈淑群提供)

肇文学校为每一个学生建立家庭教育档案。通过家庭教育档案,教师可以精准把握学生家庭情况、家庭教养方式,以及家长在家庭教育中的困惑。基于学生的家庭教育档案,学校可以针对问题,开展有针对性的家庭教育指导,从而提高家庭教育的有效性。

4. 开展家庭教育指导的原则

家庭教育指导的重点是指导家长转变教育观念,改善教育方法,通过家长的改变带动孩子的改变,教师主动发现问题,寻求家长的自愿配合是根本特征。

(1) 教师要主动和家长沟通

教师要把家庭教育工作作为自己的职责,将其视为教师的分内之事。教师发现孩子的问题时应及时主动与家长联系,让家长感知到教师是真正地为孩子的发展着想,是真心想帮助自己改变不良的家庭教育方式。

(2) 教师要尊重家庭隐私

在指导家长时,教师要和家长建立一种互信、互帮、互尊的关系,但也要避免对其家庭生活过度干预,如果涉及家庭隐私或敏感问题,教师一定要谨慎,把握好"度"。

(3) 教师、家长与学生处于平等地位

在家校合作育人实践中,学生与家长、学生与教师常常处于"家长反馈情况—教师批评教育—学生接受教育"或"教师反馈情况—家长批评教育—学生接受教育"的模式中。这一模式中,其实并没有真正的"合作"与"共育"发生,无论是家长,还是学生始终处于"被教育"的位置。教师应该认识到,在家庭教育指导过程中,教师、家长、学生三者之间是平等的,不是教师和家长合力去"改造"学生,也不是教师去"改造"一个家庭,而是在相互尊重的基础上,以"一切为了孩子"为宗旨,一起找到存在的问题,共同解决,合力育人。

(4) 以改善亲子关系为重点

亲子关系对于孩子性格、情感、行为的发展具有决定性的影响。良好的亲子关系对于学生的人格和社会人际关系发展有着极其重要的影响。不少家长会面临亲子关系紧张,从而导致亲子沟通障碍与家庭矛盾。因此,在家庭教育指导工作中,学校教育者应以改善亲子关系为重点,引导家长认识到良好亲子关系对于家庭和孩子健康成长的重要性,并引导其学会与孩子建立融洽和谐的亲子关系。

【案例】
家班共育促进亲子关系融洽和谐[①]

为了融洽亲子关系,教师分别从家长和学生两个层面入手,进行了如下探索。

1. 开设家长沙龙,引导家长读懂孩子

根据班级实际情况,教师定期召开班级家长沙龙活动,进行家校沟通,为亲子沟通做好铺垫。首先,向家长呈现前期的调查数据,使家长能够更加清晰地了解孩子内心的真实想法。一些家长在知悉相关数据后充满疑惑,他们原本以为自己非常了解、理解与尊重孩子,现实情况却并不尽如人意,从而意识到亟须提升亲子沟通有效性。接着,教师向家长解

---

① 任春华.家班共育视域下促进亲子沟通的有效路径探析[J].现代教学,2021(17—18).

读青春期学生的身心发展特点。家长需要了解这一阶段孩子的身心发展特点，比如处于青春期的初中生生理急剧变化，出现第二性征，具有生理、安全、社交、尊重和自我实现等方面的需求，这就需要家长能够更好地理解孩子。最后，笔者还会在家长沙龙和家长分享一些亲子沟通技巧与策略，帮助家长增强沟通能力，营造良好的亲子沟通氛围，促进亲子获得良好的沟通体验。家长们学习热情高涨，纷纷讨论亲子沟通的技巧与策略，为日常亲子沟通实践奠定良好的基础。

2. 开展主题班会课，引导学生读懂父母

亲子沟通的关键在于双方具备共情能力，能够设身处地地站在对方角度思考与处理问题，能够理解、信任和尊重对方。针对调查凸显的亲子沟通不畅问题，笔者利用午会课时间，开设"爸爸妈妈我想对你说"主题教育课，创设情境，邀请学生进行角色扮演，演绎亲子沟通方面的小品。小品中，由在家喜欢边做作业边听音乐且不听家长劝阻的学生小D扮演一位母亲在劝说自己的孩子不要一边做作业一边听歌，另一名学生扮演这名孩子，他试图寻找各种"借口"来"搪塞"小D。经过角色扮演，小D联想到自己平时与母亲相处时的情景，终于体会到了母亲当时的感受而羞愧不已，下定决心一定改正一边做作业一边听歌的不良行为，平时也要尝试多与母亲沟通交流。学生通过角色扮演活动，在一定程度上理解了父母，为提升亲子沟通实效奠定基础。

3. 开展系列活动，促进亲子关系融洽

亲子沟通是一个双向互动过程，良好的感情是亲子沟通的重要基础，为此，教师设计了一系列亲子活动，充分发挥活动育人功能，让亲子之间的心贴得更近了。比如，日常开展"心灵对话"活动，鼓励家长安排固定时间运用积极正向的言语进行亲子沟通。有时家长比较忙碌，或有些内容双方不便当面沟通，教师提议亲子之间可以进行书面沟通。又如，学期初，开展"亲子学习计划行动"活动，组织家长与孩子一起确定学习目标，制订学习计划，拟定学习规划表。在规划表中，学生需要填写"励志语"，家长则会写下"鼓励语"，助力学生有效执行学习计划。月考后，教师还会组织开展"考试后亲子反思"活动，带领家长和学生一起分析学习过程中的得与失，总结经验，为下一步学习做好准备，增强反思性实践能力。此外，教师还会组织开展一系列亲子活动，如阅读节的亲子阅读活动，邀请家长和学生通过共读经典，增进亲子沟通与交流。寒暑假的亲子职业体验活动，促进学生更加了解父母的工作，体会父母的辛劳……家长和学生通过参与一系列亲子活动，加深了彼此之间的了解与理解，为促进亲子沟通奠定了良好的情感基础。

（本案例由上海市闵行区梅陇中学任春华提供）

案例中的教师把改善孩子和家长的亲子关系作为指导目标，从此目标出发，巧妙设计活动

内容和活动方式,引导家长意识到自身存在的问题,并做出积极改变,引导家长理解孩子、尊重孩子、支持孩子,感受彼此的真诚,促进亲子关系融洽和谐。可见,良好的家校合作,对于亲子关系的改善与融洽、促进孩子的健康成长具有积极的意义。

二、研发家庭教育课程:引导家长承担家庭教育的主体责任

家庭教育指导课程,是指以学校为主体研发的以学校家长为授课对象,旨在提升家长家庭教育能力的课程。和强调互动、沟通的家校活动相比,家庭教育指导课程在内容与实施途径方面更具有系统性和针对性。

(一) 确立课程目标:引领家长成长

家长是孩子的第一任老师,也是对学生影响最大的"老师",家长的素质及其家庭教育理念对孩子的成长会产生决定性的作用。家庭教育指导课程的目标是让家长通过课程学习能够成为一个好家长,能够担负起家庭教育的责任。学校在设计家庭教育指导课程的时候会就"好家长"应该是什么样的列出具体的目标。

上海市普陀区教育学院附属中学从"为每一位学生学以成人、人生出彩提供适合的教育"理念出发,变革传统家校互动形式,使学校与家庭在育人这一共同目标上达到"无缝衔接",促进学生适性发展。学校从"适合教育"理念出发,以《上海市家庭教育指导大纲(修订)》为指导,以学生及家长的实际问题和需求为导向,结合学校办学理念和学生培养目标,以课程目标为导向,强化家校互动黏合力。家长学校课程开发与实践研究的核心目标是:帮助家长树立科学的家庭教育理念,满足家校沟通的需要,让学生向阳而生,陪伴学生成长。学校通过"向各位家长阐明学校的教育理念、教育方式,让家长从科学理性的角度对待学校教育,认同学校教育理念,并在家庭教育中予以贯彻落实,从而增强家校整体育人合力"。[1]

【案例】

面向家长的心理支持课程[2]

上海市青浦区实验中学十分重视家庭在学生心理健康教育方面的基础性作用,开发与实施面向家长的心理支持家校课程,以期形成家校育人合力。为了满足家长对家庭教育指导的常态化需求,根据校情和初中学生的心理特点,学校对课程内容进行梳理,以培养"爱诚美志"新时代好少年为宗旨,以举办讲座、沙龙进行分享为主,以开展微信公众号

---

① 王雁. 多元互动　向阳成长——"适合教育"理念下家校互动的新模式[J]. 现代教学,2023(6).
② 江礼梅."爱诚美志"润心　全员守护成长——上海市青浦区实验中学心理健康教育特色创建[J]. 现代教学,2024(3—4).

宣传、亲子体验活动等为辅,开发与实施"家长'心理调适'构建良好亲子关系"特色课程,让家长拥有"宽容(以爱为本)、真诚(以诚取信)、欣赏(以美修身)、坚毅(以志立业)"的良好心态。

学校依托家长学校定期组织全校家长参加专题讲座(见表6-1),学习科学的教育理念,学会调整自身心态,进而提高家长培养孩子适应环境、应对挫折和坚毅品质的积极性与主动性;引导家长在日常家庭教育中帮助孩子树立"珍爱生命、安全第一"的意识,共同探讨影响生命安全和健康的风险因素与应对方式,传播珍爱生命理念。每个专题,都结合学生当前成长阶段中的主要问题和家长的心理需求,分年级推进,使家庭教育工作更具针对性、体系化和科学化,促进家长形成科学的家庭教育理念,掌握有效的家庭教育方式方法,探寻解决家庭教育问题的有效策略。

表6-1 青浦区实验中学分年级家长系列专题讲座

对象	主题	目标	名称	形式	课时
六、七年级	宽容:以爱为本	引导家长用宽容的心态理解、接纳孩子,表达对孩子的关爱	控制情绪,调整心态	讲座	2
			有效陪伴,觉察孩子的需求	讲座	2
	真诚:以诚取信	引导家长学会用真诚的态度与孩子进行沟通	家长怎么说,孩子才肯听	讲座	2
			运用媒介,亲子沟通有方	讲座	2
八、九年级	欣赏:以美修身	引导家长学会用欣赏的眼光帮助孩子修身养性	欣赏孩子,合理期待	讲座	2
			感受美好,一切都是最好的安排	讲座	2
	坚毅:以志立业	引导家长通过榜样引领,培养孩子坚毅的意志品质,树立远大志向	学会坚持,不轻言放弃	讲座	2
			压力管理有妙招,满怀希望向未来	讲座	2

(本案例由上海市青浦区实验中学江礼梅提供)

上海市闵行区七宝镇明强小学制定了《闵行区七宝镇明强小学家庭教育指导课程纲要》,为学生家长提供可持续的家庭教育指导,帮助他们形成正确的家庭教育理念、掌握科学的家庭教育知识、实施适切的家庭教育行为,同时进一步促进家长规范家庭教育内容,深化学校家庭教育指导服务,提高家庭教育总体水平,使家庭教育指导工作走向常态化、专业化。[①]

(二) 开设可选择的兼顾共性与个性需求的课程

鉴于家长家庭教育观念以及诉求的不同,学校应为家长学习提供可选择的课程。一类是共性课程,或称为通识课程,是聚焦常见家庭教育共性问题的解决或通识性知识普及的家长课程,

---

[①] 唐红. 开发家庭教育指导课程,构建家校共育新生态[J]. 现代教学,2021(4B).

如国家教育方针政策、法律法规、学校相关的办学理念等,对象是全体家长。一类是可供家长选择的个性化课程,这一类课程聚焦特定的问题、特定的群体,旨在满足家长的特殊学习需求。

上海市闵行区七宝镇明强小学家庭教育指导课程涉及两个层面:一是面向全体家长的必修课程;二是为满足家长家庭教育个性化需求的选修课程。必修课程是学校根据不同年级家长的需求设计的长程式家庭教育指导课程,要求家长跟随孩子从一年级入校到五年级毕业,每学年至少完成2个课时的必修课程,并以撰写心得体会、完成任务单、参与主题沙龙、撰写个案等形式进行反馈和总结。选修课程是为了满足家长在家庭教育中的个性化需求,学校为每个年级家长提供相应的选修课程菜单。比如针对五年级家长小升初的焦虑心理,邀请心理专家开设"不做焦虑的家长"专题讲座;针对三年级家长困惑于孩子的"三年级现象"这一情况,提供"引导孩子树立成长目标""做'教练型'家长"等指导课程。家长针对自己的家庭教育问题,有选择地收看并通过学校官微推送家长的学习体会。①

初中阶段是学生思维发展的黄金期,也是学生能力培养的关键期。初中生由于身心急剧变化,情绪相对不稳定,处理不当容易引发各种问题。上海市闵行区教育学院附属友爱实验中学分别以学生成长规律、典型问题解决、重要事件和时间节点为导向,开发与实施"通识型""因需型""特设型"家庭教育指导课程,以期帮助家长更新家庭教育理念,丰富家庭教育内容,优化家庭教育方法,提升家长的家庭教育水平。②

"通识型"课程以学生成长规律为导向,分为"认识孩子""教养方式""亲子关系""自我成长"四大模块,组织家长利用家长学校等方式进行学习,并鼓励家长将相关理论知识与方法应用于家庭教育之中,从而提升家庭教育实效。

"因需型"课程以典型问题解决为导向,侧重于指导家长对家庭教育中存在的问题进行诊断与修复,尤其是引导家长掌握一定的家庭教育方法和亲子交往技巧。通常,家长通过学习这一课程能够解决燃眉之急,短期效应较为显著。

很多学校为部分家长群体开设"特设型"课程。如针对隔代教养问题而研发的"爷爷奶奶课堂",针对特殊家庭而开设的家庭教育指导课程,还有针对父亲在家庭教育中的缺少而开发的课程。如明强小学所开发的"爸爸教育"系列课程。③

【案例】

"爸爸教育"系列课程的开发与实施

上海市闵行区七宝镇明强小学通过调查发现,当前爸爸在家庭教育中缺位现象比较普遍。为了充分发挥爸爸在家庭教育中的重要作用,学校开发与实施一系列相关课程,主

---

① 唐红.开发家庭教育指导课程,构建家校共育新生态[J].现代教学,2021(4B).
② 葛东成.初中学校家庭教育指导课程开发的实践探索[J].现代教学,2021(4B).
③ 唐红.开发家庭教育指导课程,构建家校共育新生态[J].现代教学,2021(4B).

要经历了以下三个阶段。

第一阶段:开展"爸爸的书架"活动。"爸爸的书架"是学校家庭教育指导特色课程。该课程创造性地将家庭教育指导对象指向大多数平时忙于工作、忽视家庭教育的爸爸群体。具体而言,要求爸爸在家里设立"爸爸的书架",专门摆放自己给孩子推荐的好书,并且确保每天至少有半小时的时间陪伴孩子阅读,每周向孩子推荐一本好书,每月带孩子去一次书店或图书馆。为此,学校推出"爸爸的书架"系列家庭教育指导课程,包括"亲子阅读123""爸爸故事会""好爸爸养成记"等,深受爸爸们喜爱。这种任务驱动式的家庭教育指导模式,带动爸爸们积极参与家庭教育活动,提升了亲子陪伴质量,见证了孩子的成长过程。

第二阶段:设立"彩虹爸爸课堂"。"爸爸的书架"课程的实施在学校层面产生了连锁反应,越来越多的班级开始关注爸爸在家庭教育中的作用并进行相应的实践探索。如,设立"彩虹爸爸课堂",从家校合作的角度开发家庭亲子活动指导课程,通过增加亲子互动时间、拓展亲子互动空间、丰富亲子互动内容与形式等,增强爸爸在家庭教育中的责任意识和行动能力,有效地促进了亲子关系,形成了一套"亲子课堂"活动体系,提升了家校协同育人实效。学校还从班级、年级、校级三个层面组建"亲子读书会",如西校的"晨曦读书俱乐部"、东校的"伴书房俱乐部",以及其他陪伴式主题阅读活动,都取得了良好的效果。

第三阶段:构建"爸爸教育"系列课程。学校在设立"爸爸的书架"和"彩虹爸爸课堂"的基础上,构建了"爸爸教育"系列课程,面向不同年级家长和学生,开发各具特色的指导课程:如低年级的"了解爸爸的职业"、中年级的"向爸爸学本领"、高年级的"我和爸爸共担当"等课程。课程实施前,教师携手家长进行调研,了解学生的实际需求,确保课程的针对性与有效性;课程实施过程中,学校组织家庭教育专家和教师共同参与课程指导;课程实施后,邀请爸爸和孩子一起来分享成果和收获,不断完善学校家庭教育指导课程体系。

(本案例由上海市闵行区七宝镇明强小学唐红提供)

(三) 课程内容应基于真实生活情境

由于各个学校家长情况不同,家长各自有自己的困惑,这就要求学校在设计家庭教育指导课程的时候要符合家长的实际,要能为家长解决真问题。为了满足家长和学生的实际需求,学校研发的家庭教育指导课程的内容大多来自家长遇到的真实问题。

上海市奉贤区江海第一小学推进"百分爸妈"活动。"百分爸妈"是一种积分管理方式。它分为五个学制,分别对应孩子成长的五个学年度,每个学制有 20 个积分。通过积分制的方式来督促家长积极参与学校的各种讲座、培训、沙龙、家校活动等,让家长和孩子一起学习,成为一名合格的家长。学校开设"百分爸妈"咨询室,"门诊式"一对一的咨询,对症号脉。学校自主研发的《百分爸妈 60 问》校本学材就是基于本校"百分爸妈"咨询室所收集的案例。为了让问题的代表性更强,学校发放了问题咨询卷,由家长提出困惑,学校将这些问题进行归类整理,概括出了 60 个让"家长困惑"的问题。对于这些困惑,邀请班主任们进行解答,再配以专家建议,并且编纂成册。在解答困惑的时候,班主任必须主动学习,找到最佳的解决方法,由此班主任的指导能力在学习中得到增强。家长们在这本书中找到问题的解答,一有困惑,先翻翻这本手边书,这本书可以很好地帮助他们更科学地解决好家庭教育问题,"成为家庭教育的工具书,成为家长们身边的老师"。学校开设"百分爸妈"实践课程,搭建"10+8+X"亲子实践基地、"四大校园节庆亲子专区"和"六大校园岗位"的舞台,开展亲子实践活动,掌握孩子的成长动态,增强亲子沟通。依据《江海第一小学"百分爸妈"积分评价细则》,用大数据说话,进行"百分爸妈"之"贤爸贤妈"、"百分爸妈"之"最美家庭"、"百分爸妈"之"最美蓝爸蓝妈"的评选,弘扬榜样新风。[1]

上海市普陀区教育学院附属中学家长学校课程内容设计之前,充分尊重家长意愿,采取双向选择的方式,利用家校合作调查问卷征集分管领导、年级组长、班主任和家长委员会的意见和建议,初步了解各位家长在家庭教育方面的困惑及短板,以凸显家长学校课程内容的针对性与适用性。在此基础上,家长学校课程分年级设定四个主题,分别是:六年级"好习惯,助力阳光少年";七年级"用心守护　建和谐亲子关系";八年级"家有青春娃　家长有办法";九年级"加油(家有)考生　伴你向阳成长"。每个主题由五大板块构成,分别是"校长心语、向阳讲坛、家长论坛、社区共育、云端共享",保证课程内容兼具深度和广度。同时结合学校"向阳花开　伴你成长——普陀区教育学院附属中学家校互动主题系列活动设计",选择与课程内容相匹配的案例研究或家校互动活动,给予家长参与课程建设的机会,激发家长的学习兴趣。[2]

上海市宝山区小鸽子幼稚园在居家学习期间,深入幼儿和家长之中,了解不同年龄段幼儿的发展现状,调研家长们的真实想法和需求。根据家长的需求梳理出三个不同年龄段幼儿家长疫情居家学习期间迫切希望得到指导的问题(见表 6-2)。幼儿园针对不同年龄段进行分层云端指导,根据家长开展家教活动的能力差异性进行个别辅导。[3]

表 6-2　小鸽子幼稚园家长家庭指导需求调查

家长群体	家长的担心和焦虑	线上家庭指导内容
大班家长	1. 幼小衔接的准备期和过渡期,家长可以如何居家指导幼儿? 2. 相关的小学报名何时启动?	1. 爸爸妈妈看过来:幼小衔接的五大准备专项线上家庭指导 2. 幼升小网报点对点专人指导

① 江海第一小学:"百分爸妈"."奉贤教育"微信公众号,2020-10-11.
② 王雁.多元互动　向阳成长——"适合教育"理念下家校互动的新模式[J].现代教学,2023(6).
③ 韩莉.疫情背景下提升线上家庭教育指导有效性的方法与路径[J].现代教学,2022(22).

家长群体	家长的担心和焦虑	线上家庭指导内容
中班家长	1. 疫情在家,孩子动得太少,体重直线上升,动作协调性等却明显减弱了,该怎么办? 2. 孩子的专注力不够,如何培养?	1. 幼儿健康体魄养成的家庭亲子运动药材库的指导 2. 鸽子有约:个性家教"下午茶"
小班家长	在园养成的习惯,在疫情中如何保持家园一致性	家园携手共育,培养小班幼儿的生活自理能力
……	……	……

【案例】

"栀子生长营"家长微课程①

上海市奉贤区思言小学是一所随迁子女占生源总数约七成的小学,家长的文化素养和教育水平不甚理想。于是,学校面向全校家长采用问卷星、日常访谈、电话、微信等形式向家长们开展调查,征询家长在家庭教育中"对孩子的学习、生活、心理、运动、劳动"等五个方面的困惑和最迫切的需求,同时梳理家长们最迫切关注、最关心的话题。在此基础上,学校在课程建设时重点聚焦十个问题,开设十堂微课,形成"栀子生长营"家长教育微课程(见表6-3)。

表6-3 "栀子生长营"家长教育微课程

系列	课题	微 课 简 介
1	孩子没有动力,家长可以怎么做?	以"小A妈妈述说自己孩子没有学习动力"案例为切入口,通过分析背后的原因,寻找应对的策略:指导家长采用"营造良好学习环境;认可天性,鼓励去玩;放手,让孩子为自己学习负责;适当激励,激发内在动力;尽心去言传身教"等五大方法,提升家长的家庭教育水平,激发孩子的学习动力
2	孩子没有朋友,家长可以怎么做?	以"一位家长的陈述"案例为切入口,通过分析背后的原因,寻找应对的策略:指导家长采用"多陪伴,支持孩子交友;帮助孩子了解交友规则;放手让孩子自己择友;家长以身作则"等四大方法,提升家长的家庭教育水平,帮助孩子勇敢去交友
3	孩子作业拖拉,家长可以怎么做?	以"小B妈妈反映孩子作业拖拉"案例为切入口,通过分析背后的原因,寻找应对的策略:指导家长采用"帮助孩子形成良好的时间观念;鼓励式沟通,激发孩子的内驱动力;做个有边界感的家长;依托家校资源,形成家校合力"等四大方法,提升家长的家庭教育水平,对孩子作业拖拉情况进行有效应对与解决
4	孩子受到欺负,家长可以怎么做?	以"小C妈妈反映孩子因被取绰号而闷闷不乐"案例为切入口,通过分析背后的原因,寻找应对的策略:指导家长采用"告诉孩子不是孩子的错;告诉孩子保护他是家长的责任;与孩子模拟,勇敢说不;培养孩子拥有强壮的体格;平时和孩子多谈心多观察;平时鼓励孩子多交友"等六大方法,提升家长的家庭教育水平,为孩子治愈心理创伤,让孩子重新洋溢快乐

---

① 施建英. 小学家庭教育微课程的构建路径[J]. 现代教学,2022(15—16).

系列	课题	微课简介
5	孩子爱玩手机,家长可以怎么做?	以"居家网课期间孩子频繁玩手机"案例为切入口,通过分析背后的原因,寻找应对的策略;指导家长采用"学会倾听,了解孩子的想法;正向沟通,表达家长的想法;制定手机管理规则,循序渐进来改善;高质量的陪伴,适时转移注意力"等四大方法,提升家长的家庭教育水平,让孩子控制玩手机的度,健康快乐地生活
6	孩子不爱运动,家长可以怎么做?	以"小D同学不愿意运动"案例为切入口,通过分析背后的原因,寻找应对的策略;指导家长采用"激发孩子对体育运动的兴趣;把运动融入日常生活中;尊重孩子运动的时间;帮助孩子选择适合的项目;不过分束缚孩子"等五大方法,提升家长的家庭教育水平,让孩子爱上运动,强身健体,争做运动小达人
7	孩子不爱阅读,家长可以怎么做?	以"小E妈妈孩子不爱阅读"案例为切入口,通过分析背后的原因,寻找应对的策略;指导家长采用"固定孩子看书的时间;为孩子营造适宜阅读的环境;倾听孩子阅读的感悟;合理安排周末时间;家长带头爱上阅读"等五大方法,提升家长的家庭教育水平,把阅读的种子埋在孩子心里,让孩子爱上阅读,争做"快乐小书虫"
8	孩子比较内向,家长可以怎么做?	以"小F妈妈来信反映孩子内向"案例为切入口,通过分析背后的原因,寻找应对的策略;指导家长采用"家长要转变思想观念;家长不要强迫自己的孩子外向;帮助孩子找到自己的兴趣爱好;帮助孩子适当地拓展自己的舒适区"等四大方法,提升家长的家庭教育水平,接受孩子的性格特点,陪伴孩子成为更好的自己
9	孩子不爱劳动,家长可以怎么做?	以"居家期间很多孩子不爱劳动"案例为切入口,通过分析背后的原因,寻找应对的策略;指导家长采用"认识与指导:自己的事情自己做;讲解与引导:适当分配家务劳动;鼓励与表扬:陪着孩子一起成长"等三大方法,提升家长的家庭教育水平,让孩子爱上劳动,勤劳有责任感,争做劳动小能手
10	孩子不爱说话,家长可以怎么做?	以"一位妈妈来信反映孩子不理睬她"案例为切入口,通过分析背后的原因,寻找应对的策略;指导家长采用"自己要学习要改变;找机会和孩子像朋友般聊天;不着急着判断孩子对错;换一种方式来'说话'"等四大方法,提升家长的家庭教育水平,重新和孩子建立关系,让孩子敞开心扉,亲子间好好说话

微课以"征询家长需求—确立课程目标—梳理课程内容—组建专业团队—制作微课视频"形式进行构建。以上述十个问题为切入点,开发系列微课,微课中的案例都是来自家长的真实案例。

为顺利完成此次课程开发,组建课程开发团队是关键一环,课程开发组的八位老师都是具有心理咨询师、家庭教育指导师、生涯规划师等资质的骨干教师,以及具有一定经验的优秀班主任、思政课教师。确定人员后,开发人员通过撰写教案,包括"案例呈现、原因分析、应对策略"三个环节;再制作微课视频。每期微课控制在8—15分钟,内容聚焦,方法具体。微课的内容并不是固定的,随着时间的推移、事件的发展,以及学生情况的变化,研发团队会不断引入新的案例,不断调整与优化课程内容。

(本案例由上海市奉贤区思言小学施建英提供)

上海市奉贤区思言小学"栀子生长营"家长教育微课程从家长的需求出发,让家长为爱而学,帮助家长更好地了解孩子,走进孩子;旨在向家长传达育儿育己的理念,希望家长在养育孩子的同时能够重新认识自我、构建自我,进而增强家长的家庭教育能力,促进孩子健康全面成长。案例中的家长教育微课程通过一个个真实的案例,呈现了家庭教育中困扰家长的典型问题。学校实践也说明,基于真实情境的课程内容,由于案例的主人公就是家长身边的人,所以更能够引发家长的共鸣。一个个生动鲜活的案例将家长"带入"自己的家庭教育情境中,帮助家长检视自身的家庭教育理念和方式,反思自己的行为,不断增强自己的家庭教育能力。

三、创设家校共议共学平台,增强家长参与能力

作为学校的合作伙伴、服务对象和共同管理者,家长应该了解学校的办学理念、培养目标、教育教学等情况,与学校共同探讨其他与子女教育发展有关的事宜。很多学校创设家校共议共学平台,学校管理者、教师和家长共同探讨教育公共问题,促进家校之间相互理解,相互启发,尤其是在这一过程中家长参与意识和参与能力都会得到增强。

(一)组织家庭教育工作坊,打造家校共商共议的公共空间

工作坊注重成员的体验与互动,参与者在互动中相互启发,探讨问题的解决方法。越来越多的学校以工作坊作为家庭教育指导、家校互动的重要方式。一般情况下,由学校家庭教育工作负责人或家庭教育专家,担任工作坊的主持人,家委会或家长代表作为其助理;但有时候二者的角色互换,即家长担任工作坊的主持人,学校教育者作为其助理。工作坊的成员包括学校成员、家长等。工作坊就家庭教育中的重要问题、话题开展活动、深入讨论。

1. 建设指向公共参与的工作坊,让家校共商共议学校事务

上海市彭浦中学从 2017 年起全面创设家庭教育"工作坊"——"浦汇坊","浦"取自彭浦,"汇"意为汇集优质资源,取"普惠"谐音,意在建立具有普适性的,能够惠及学生和家长的家庭教育工作坊,致力于将"浦汇坊"打造成连接全体家长和学校间的纽带。为推动学校家庭教育工作的有效落实,学校组建了一支由校长、书记、德育主任、年级组长、专职心理教师、家委会成员和五位资深班主任、法治副校长、校外辅导员等组成的家庭教育"校园导师团"。"校园导师团"成员同时也是工作坊的主题策划人和主持人。

学校专门辟出一个房间作为"家庭会客厅",让家长与学校有专门的空间充分沟通。学校致力于把"会客厅"打造成为家庭教育的公共讨论空间。在"家庭会客厅"学校领导、老师和多位家长共同交流,分享理念,讨论教育方法,使"会客厅"成为一个学校和家长共同讨论学校事务的公共空间。这一方式深受家长和教师们的欢迎。慢慢地,家校沟通从被动走向主动,从偶然变成经常,家校沟通也从浅层次转为深度沟通。学校依托"浦汇坊",围绕教育中的普遍问题开展论坛,全校家长可以自愿报名参加,每次交流前,导师团与家委会成员共同确定讨论话题,

一起参与讨论。通过讨论,学校能够了解、研判家长关注的问题、遇到的困惑等,并充分听取家长意见和建议。

依托"浦汇坊",学校建立了线上线下相结合的"资源交流台",通过聚焦青少年成长、家庭环境、品德修养、行为习惯、学习方法、生活技能、人际交往和社会适应等八个主题,构建了比较完整的家庭教育指导课程体系。家庭教育指导课程包括16节家庭教育指导讲座和分层化家校活动,每学期针对不同年段家长的需求、热点和难点问题,有序开展(见表6-4)。

表6-4 "浦汇坊"家庭教育指导课程的主题与内容

目标	主题	资源内容
和谐亲子关系, 提升家庭教育指导力	青少年成长	教育高中子女的四个好时机
		如何在家庭中做好生涯规划
	家庭环境	越过"代沟"的五大法宝
		共同构建"书香家庭"
培养教育方法, 提升家庭教育研究力	品德修养	培养孩子感恩之心
		帮助孩子培养自信心
	行为习惯	如何帮助孩子避免手机成瘾
		一起战胜拖延症
营造协作氛围, 提升家庭教育作用力	学习方法	彭浦中学校园文化和初高中衔接
		认识和战胜学习"高原现象"
	生活技能	家务劳动的必要性
		劳动创造幸福之"劳模进校园"系列
提供实践活动, 提升家庭教育幸福力	人际交往	如何增进与孩子的沟通
		让友谊"绽放"
	社会适应	帮助孩子调整心态和应对压力
		科技创新与艺术修养

2. 建设指向家庭教育能力提升的工作坊,让教师和家长共研共学

工作坊是一个多人共同参与的场域,参与者能够相互对话、共同思考,提出方案或规划,并一起讨论让这个方案如何推动、实施,在这一过程中,参与者能在讨论问题和解决问题的过程中提升能力。指向家庭教育能力提升的工作坊是以提升家长家庭教育能力为目标的工作坊,工作坊的话题围绕这一主题设立。

上海市光明初级中学开展了家长"学做坊"项目的研究,希望通过这一家校合作共育新机制的探索,能够推动家校共育、良性互动。学校践行将"教师传递给家长知识"的理念转变为"教师和家长共同学习"的理念,主张学校并非家庭教育的绝对权威,学校教育者更应该扮演组织者、建议者的角色,通过创建一定的机制,营造家长、学生、教师共同学习和实践的氛围,家长

"学做坊"即由此而来。通过家长"学做坊",学校希望实现的是一种互动和生成的组织形态,强调参与者的自我教育和发展。在此意义上,"家长学做坊"可以理解为一个家校共育的自治组织:教师和家长一起建立组织、一起制定制度、一起学习政策、一起兴办家长学校、一起开展课题研究、一起开发课程、一起策划活动,从而实现家校共育。

【案例】

家长"学做坊"

家长"学做坊",倡导教师和家长共同学习和实践的理念,这一理念传递的是这样一种主张:学校教育工作者或许具有学科教学的知识,是教学方面的权威,但在家庭教育领域,可能并不比家长更具有实践经验。因此,通过一种组织形式,让教师和家长共同"在学中做,在做中学",这可能是家庭教育指导工作最实在,也是最有效的方案。

在设计和实践家长"学做坊"的过程中,将目标定位于三个层次:第一层次:通过家校双方共同学习家庭教育理论,加深相互之间的理解。家长"学做坊"以课程为载体,让家长学习家庭教育知识与方法,理解每个孩子都是独一无二的生命体,消除与学生的认知隔阂,加深亲子交流。学生也可以参与"学做坊",从中也能够理解家长对他们的爱,以及对于亲子沟通主动投入的态度。

第二层次:家长、教师、学生共同学习,有利于形成对家庭教育的共识。重点聚焦在:通过家庭教育学习、实践的指导与互助,让家长有意识、有能力地帮助孩子去认识自己的生命价值与意义,并积极进行自我规划,勇敢面对挑战,更好地融入未来生活。教师可以扮演指导者的角色,也可以参与共同学习过程,将自身对家庭教育的理解分享给家长。

第三层次:家长学生亲子实践,提升自身家庭教育水平。每一位家长在"学做坊"中进行课程学习和实践体验,在学与做的过程交互中共享学习成果,学做一名懂得关爱生命、指导孩子生活的智慧型家长。让每一个孩子都能拥有幸福的家庭,让每一个生命绽放出灿烂的色彩,让每一个家庭的教育走向智慧、走向成功,是家长"学做坊"的最终发展目标。

(本案例由上海市光明初级中学丁斌提供)

以上两个学校的家庭教育工作坊的运作充分体现了工作坊的优势:平等性——学校领导、教师和家长是平等的身份,双方可以就学校各项事宜进行讨论,发表意见;开放性——所讨论的话题是开放的、生成性的;共同成长——家长和教师之间、家长和家长之间自由交流、相互启发,共同成长;用案例解释问题——工作坊既关注参与者的个人实践经验,又注重教师团队的互动,强调深入分析个案,注重问题解决,体现出很强的实践导向。

工作坊的有效运作需要学校精心设计,并通过建立制度予以规范。某幼儿园建立亲子工

作坊制度,明确规定了工作坊的负责人、主要工作内容,以及学期工作计划、活动准备等。具体如下:

1. 亲子工作坊由家教负责人管理。

2. 亲子工作坊主要工作:指导家长学习家庭教育方面的知识与技能、开展园级亲子指导活动等。

3. 家教负责人每学期初制订工作计划,落实每月亲子家教指导的项目安排,期末梳理小结。

4. 每学期列出菜单式亲子家教指导活动项目,由家长自行选择,按需求参加。

5. 项目内容关注不同年龄段幼儿发展的需求,关注不同家长群体的需求,关注不同时段幼儿发展的需求,开设不同内容的菜单。

6. 委托公众号推出家教指导项目内容,由家长在班级教师处报名,教师将参与人数、名单上报家教负责人。

7. 家教负责人组织相关人员落实每次活动,活动前有方案、有准备,活动中有签到、有记录、有过程性资料,活动后有小结反思、有调整意见。

这些具体的规定为工作坊的有序开展提供了切实的保障。从以上规定可知,就参与者地位而言,工作坊是以校方——专业教育权所有者负责管理的,这决定了工作坊目标与内容的专业性。

工作坊的主题或话题一定是家校合作或者是家庭教育的真实问题。上海市浦东新区童心幼儿园聚焦故事表演特色课程,创立了"童心亲子故事表演工作坊",着手探索和构建亲子故事表演工作坊家教指导模式。幼儿园将工作坊的目标界定为:在幼儿园的组织下父母、幼儿共同扮演故事人物,在一系列准备、表演过程中促进家长对幼儿园课程与教育的理解,加强家长与孩子之间的情感联系,促进家长与幼儿园的交流、沟通与合作。

【案例】

亲子故事表演工作坊

童心亲子故事表演工作坊的定位是:一个孩子们可以发挥想象力的儿童创意剧场;一个交流互助的父母提升课堂;一个先进温暖的家庭建设领地。工作坊有三大功能:组织功能、指导功能、自培功能,分别对应三个实践模块:研修坊、学习坊、活动坊。

1. 研修坊

组员:家教组长1名,科研组长1名,课题组成员3名。

职能:负责研修计划的撰写、学期活动的计划安排、活动方案的审核,以及学期末工作坊活动资料的整理和归档、经验的总结、交流活动等。

机制:每月开展1次研修活动,聚焦专题开展学习讨论,并留存文本资料,期末开展研修成果总结。

研修两字从字面上的理解为:学习、钻研、磨炼、修为,是一个动态过程与状态结果的组合。研修坊实质是一个项目研修小组,该组织类似于幼儿园教研小组,每学期确定一到两个研修专题,撰写详细的研修计划,确定每月研修主题,由坊主(教师)组织大家参与每月的研修活动,主要活动形式为理论学习、观摩交流和案例分析,主要目标是通过研修让教师明确家庭教育指导的原则,明晰家庭教育指导的内容,帮助教师提升依托亲子故事表演开展家教指导的水平。

2. 学习坊

组员:课题组成员1名,大中小班教师和家长各1名。

职能:负责家庭教育指导问题的收集、分析和梳理,解决问题的途径(有效的亲子故事表演内容),对于表演内容的价值点的解读。

机制:每学期不少于3次活动,确保活动有聚焦有成效,并留存影像资料。

学习坊的参与主体为教师和家长,一月活动一次,每次一项内容,在内容选择上聚焦本年龄段幼儿家长在家教指导中容易遇到的问题,开展沙龙式的学习活动。学习坊尤其注重坊员之间的交流活动,期望通过轻松愉悦的学习坊活动形式让参与者能够最大限度地调动已有经验,通过思维碰撞和互相分享,促进参与者在原有水平上的提升。

学习坊成立之初由教师担任坊主,负责活动内容的确定和组织,活动前温馨提示的下发等,一般一个学期之后可鼓励家长担任坊主,这样的方式是考虑到我们都有从自身出发思考问题、解决问题的习惯,不同角色担任坊主有利于学习坊活动内容更具代表性和全面性,同时也会增强坊员的主人翁意识和归属感。

3. 活动坊

组员:大中小班教师各1名(教师坊员),大中小班家长各1名(家长坊员)。

机制:每学期不少于3次活动,每次活动有方案、有反馈,并留存文本和影像资料。

活动坊是工作坊的主要抓手,它的活动主体为教师、家长和幼儿。依据年龄段分为小、中、大班三个工作坊,每学期开展3—4次活动。由教师和家长共同确定活动内容(即每期的故事表演内容),坊员教师负责活动方案的制订,坊员家长负责活动信息的发布等,各班家长可在班级群内预约报名每学期活动,在活动中组织者会依据本学期故事中的内容开展家庭教育指导方法、要点的解读,亲子故事表演的演绎指导等,在寓教于乐的亲子表演中达成家庭教育指导的目的。

研修坊、学习坊、活动坊之间存在独立运行而又环环相扣的关系,教师通过研修坊获得自身能力的提升,同时又在学习坊中通过与另一参与主体(家长)之间的互动得到双方能力的提升,最终在活动坊中幼儿、家长和教师实现共同成长。

教师坊员负责制订活动方案,与家长坊员共同组织现场指导活动,做好活动小结,积累家教指导经验;负责本组亲子表演工作坊的指导工作。家长坊员积极参与本年级组工作坊活动前期的准备工作,包括方案制订、材料准备、组织落实等,根据教师建议开展现场教育指导活动,积累故事表演指导经验;同时指导年级组家长开展亲子故事表演活动等。

(本案例由上海市浦东新区童心幼儿园施惠萍提供)

基于以上案例分析,旨在让教师和家长共议共学的工作坊的有效运作需要做到以下几点:一是以家长为主体。工作坊的目标是引导家长成长为"好家长",那家长一定是工作坊的主体,因此工作坊的目标、主题应该基于家长实际,尊重家长的建议,而且工作坊的时间、地点应该听取家长的意见。在工作坊的活动中,应该尊重家长的主体地位,教师不能越俎代庖,要激发家长的参与热情,让家长由被动变主动,从"让我参加"变成"我要参加"。二是学校教育者要发挥好组织、指导与协调的作用。在工作坊活动过程中,教育者要对家长提供专业性意见,要有一定的"控场"能力,即要保证研讨始终围绕主题,不要偏题。教师不仅要合理把握和家长互动的"度",也要引导家长和家长进行互动,让家长之间积极互动、相互学习。

(二)成立家校共议共研共同体,教师和家长共同学习

上海市宝山区小鸽子幼稚园的教育理念是"真诚、关爱、合作、共育",其中"合作"与"共育"体现出家庭、幼儿园和社会多主体治理的现代学校治理理念。多年来,幼儿园在探究"家—园—社区"合作共育的基础上,以幼儿、家庭和社区"共议共研"幼儿发展为核心,鼓励家长参与幼儿园教育。疫情期间,在幼儿园组织下,"组团"成立家校合作共同体,家园共议共研幼儿家庭教育问题,开展多元化线上家庭指导活动。

【案例】

成立"云端"推进共同体,让家长成为"掌柜"

1. 以家长为"团长"成立"云端"推进共同体

线上指导具有一定的局限性,教师不能和家长直接面对面地进行沟通和指导。小鸽子幼稚园的做法是鼓励家长自发牵头,以家长为"团长"成立"云端"推进共同体,家校共议,提高家长参与积极性。

"云端"推进共同体指的是由幼儿园级、年级、班级家委会中的家长代表组建的"云端"家长推进共同体。其职责是收集幼儿园家长当下关注的热点问题和当前困惑并进行整理。

根据家长需要解决的迫切程度排列优先顺序,并提交幼儿园家教小组。经共同商议后,形成初步的解决方案。家长"团长"指的是由各班推荐的能够熟练运用网络信息化技术,有一定的科学育儿观念,且能在家长群体中传播正能量、具有较强组织能力和专业能力的家长代表。"推进共同体"如同"执法"和监管部门,议事流程包括"呈现问题—商量对策—协助开展—参与评价"环节。(图6-1)

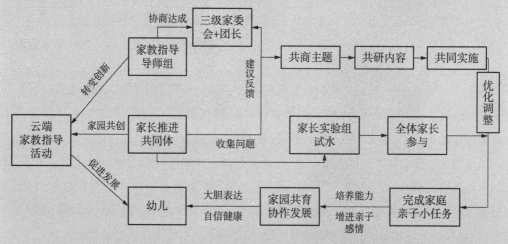

图6-1 "云端"线上家庭指导工作家园分工流程图

2. 家教"组长"组织"云端"线上家庭教育指导导师组

线上家庭教育指导导师组是指由幼儿园行政组和家教组牵头,将幼儿园区级、块级骨干教师和优秀班主任组织成线上家庭教育指导导师组,它是确立"云端"线上家庭教育指导内容、深入调研开展情况、全面协调各部门运作的核心部门。导师组承担着幼儿园开展线上家教工作的指导职责,运用多方力量转变家长的教育观念,让家长有方法有目标地运用线上家庭教育"三十六策",在特殊时期开展好家庭教育。以家长为主体自发的推进共同体和以幼儿园教师为主体的线上家庭教育指导导师组,在日常家庭教育工作中分工不同,相互补充,形成具有向心力的"云端"线上家庭教育指导两支小纵队。

家长推进共同体和线上家庭教育指导导师组进行商议和共议,明确每个阶段的线上家庭教育指导任务和内容,家园双方根据分工进行操作和运作,可以最大程度地激发教师和家长的内驱力,促成家园合力,在小步递进不断实践的过程中,协商、调整和优化线上家庭教育指导内容,推动深层次性的家园合作,促进幼儿全面发展。

3. 利用共同体,提高家园共议协商水平

教师、团长、家长推进共同体的运作,进一步丰富和建构了"云端"线上家庭教育指导活动的主体。在线上家庭教育指导的进程中,家长由原来的被动参与者逐步成为台前的

"主角"。在每一次的共议协商中,家长的能力和潜力被不断挖掘和增长,绽放着属于他们的精彩和光芒。

策略1:园方"放权",让家长成为"掌柜"

在疫情中,我们尝试将自主权放在家长的手中,让其成为家教"掌柜"。教师的作用是适时引导和配合家长,学会放权放手,最大程度支持团长和家长们的行动。教师要相信每个家长都是有能力的学习者和家教"掌柜",并引导他们成为自己的"掌柜"。

策略2:教师扶持,让家长成为主角

家长不是教师,专业知识的缺失会导致无法预判自己的家教行为所产生的后果。这时,教师一定要鼓励和支持家长,但不能越俎代庖,忽略家长自身解决问题的能力和创造力。尊重家长就是要让家长去尝试。当家长需要扶一把时,教师毫不吝啬地给出方法和建议,让他们自主尝试,成为真正的主角,教师则甘为绿叶。

(本案例由上海市宝山区小鸽子幼稚园韩莉提供)

小鸽子幼稚园以家长为团长的"云端"推进共同体承担了幼儿园家庭教育"智囊团"的作用。他们收集家长遇到的困惑与问题,并提出解决方案,再由家长推进共同体和线上家庭指导导师组共商共议线上家庭指导活动的内容、方式,对全体家长进行家庭教育指导,整个过程充分体现出园方和家长之间是"平等"的。也只有园方真正把家长作为"伙伴",双方才能真正实现"合作""共育",从而营造出民主、平等的家园携手协作共发展的和谐氛围。

四、搭建亲子共同学习和成长平台,让亲子共育共学

亲子共育共学是学校教育者、家长和学生三者共同参与的新型学习模式,以亲子共育为目标,以亲子互动为核心,通过亲子课程与活动的设计,让家长与孩子在一起共同学习。其中,学校教育者是组织者和指导者,家长陪伴孩子一同参与教育、一起学习。这一学习模式,不仅可以提升家长的家庭教育理念,也可以让他们更好地了解孩子,学习如何和孩子建立亲子关系,促进亲子感情,进一步优化家庭教育环境。

亲子共育的方式有很多种,比如亲子共育课程、亲子活动等。学校亲子共育的实践证明,亲子共育共学,相比起教师与学生、教师与家长、家长与孩子的单线沟通,无论是对于教师、家长,还是学生,其效果都是好于单纯指向家长的培训课程。当然,这对组织者——学校教育者的要求也是更高的。

(一)亲子共育课程的开发与实施

亲子共育课程倡导父母与子女共同学习、相互促进,因此课程目标既包括家长的成长目

标,也包括孩子的成长目标。

上海市闵行区吴泾实验小学对上海市闵行区、徐汇区、青浦区、普陀区、松江区、奉贤区和嘉定区小学阶段的 4 000 余名家长的调查发现,99.5％的家长因不认可劳动教育而对班级组织开展的相关活动存在被动服从、随意应付或消极抵触的现象,从而影响了家班协同开展劳动教育的成效。虽然教师难以直接进入学生家庭指导其参与家务劳动,但依然可以通过构建有目标导引、有内容跟进、有方法指导的亲子共育劳动教育课程,帮助家长与学生形成正确的劳动价值观,有效开展劳动实践活动。基于此,班主任面向全体家长开设了"学 & 做"亲子共育课程①,旨在转变家长对劳动教育的不正确认知,帮助家长认识到劳动对促进孩子成长的重要意义。

【案例】

亲子共育劳动教育课程建设

1. 亲子共育劳动教育课程目标建设

班主任从家长和学生两个维度入手,制定了劳动教育课程总目标和分类目标。从情感态度价值观、知识与技能层面提出劳动教育课程总目标。

(1)情感态度价值观层面

家长目标:鼓励家长加强家风家教建设,营造劳动光荣的家庭氛围,并充分认识到劳动对孩子成长的积极意义和价值。

学生目标:培养学生热爱劳动、主动劳动的好习惯,以及吃苦耐劳、坚持不懈等优良品质,促进亲子关系,为学生创设良好的成长环境。

(2)知识层面

家长目标:引导家长充分认识劳动对人类以及人类生活的重要推动作用,劳动对孩子成长以及美好家庭生活的意义和价值。

学生目标:促进学生认识家务劳动中的常见材料,懂得家务劳动中的基本常识,学会使用基本的家务劳动工具。

(3)技能层面

家长目标:鼓励家长以身示范,主动做家务,并引导孩子参与家务劳动,学会评价孩子的劳动成果,丰富指导孩子参与家务劳动的方法。

学生目标:引导学生学会统筹安排家务劳动时间,初步掌握基本的家务劳动技能。

为了提升家班共育劳动教育课程的针对性与有效性,我们针对不同的家庭类型,开发

---

① 陆敏. 构建家班共育劳动教育课程的实践探索[J]. 现代教学,2020(24).

与实施共享课程("学&做"家长课程)和个性化指导课程,并从家长和学生两个维度入手,制定家班共育劳动教育课程的分类目标(见表6-5)。

表6-5 劳动教育课程分类目标设计

家庭类型	参与课程		课程目标
	共享课程	个性化指导课程	
第一类家庭:学生积极参与劳动+家长支持孩子参与劳动(认可劳动教育)	"学&做"家长课程	1. 组织家长学习"劳动的多元价值"理论课程 2. 鼓励家长参与沙龙活动,分享劳动教育方面的经验	1. 帮助家长理解劳动具有树德、增智、强体、育美等综合育人价值,拓展家长对家务劳动多元价值的认识,促使家长能够将劳动教育理念和方法分享给其他三类家庭 2. 激发学生的劳动热情,促进学生在劳动中学会学习创造与情感交流
第二类家庭:学生有时积极参与劳动+家长被动服从(不认可劳动教育)		向家长推送真人秀节目《我家那小子》,为家长增强劳动教育能力提供借鉴与参考	1. 帮助家长认识到劳动对个人成长与美好家庭生活的积极作用,促使家长真正认同并主动实施劳动教育 2. 培养学生热爱劳动、崇尚劳动的情感,引导学生主动参与劳动实践
第三类家庭:学生消极参与劳动+家长随意应付(不认可劳动教育)		1. 围绕"劳动和学习矛盾吗"这一议题组织家长参与辩论 2. 开设"诚信劳动有方法"家长微课理	1. 促使家长转变"育分不育人"的观念,充分认识到"五育并举"的重要性,引导家长消除将家务劳动当作一种负担的错误认知 2. 引导学生形成尊重劳动、诚信劳动的观念,切实感受到自身在参与劳动过程中的积极变化
第四类家庭:学生不参与劳动+家长消极抵触(不认可劳动教育)		1. 围绕"亲子劳动 体验快乐"主题举办家长沙龙 2. 针对家长在劳动教育中遇到的问题进行相关指导	1. 帮助家长树立正确的劳动价值观,尝试改变家长依赖祖辈、长期不参与家务劳动的现状 2. 鼓励亲子参与劳动,感受劳动带来的快乐

2. "学&做"家长课程设计与实施

采用纵向递进的策略,依据课程目标设计"学&做"系列家长课程,课程内容分为理念篇和行为篇,分三个阶段推进,从"学"和"做"两个方面持续促进家长不断转变劳动观念和劳动行为,鼓励家长在真实的劳动实践中感受劳动的美好,从而真正认同劳动教育,实现知行合一。

理念篇分为"劳动的意义""语言的力量""时间的认识"三类课程,行为篇分为"方法支持""评价支持""情感支持""时间支持"四类课程,在此基础上,对家长在劳动教育中出现的问题给予有针对性的指导。

上述课程主要由班主任、家委会成员和第一类家庭家长负责落实。

3. 分类实施"学＆做"家务实践体验课程

我们和家委会共同设计"学＆做"家务实践体验课程，主要分为整理类、清洗类、厨艺类、关爱类和节庆类五大类，鼓励家长和学生根据实际情况进行自主选择。家长依据孩子的劳动能力和发展需求，指导他们选择合适的岗位类别，并在相关劳动岗位中掌握劳动技能，获得积极的劳动体验。

4. 设立个性化指导课程，帮助家长和学生树立正确的劳动价值观

通过共享课程的学习，大部分家长能够积极支持孩子参与家务劳动，但不同家庭存在一定的差异性，需要开设更具针对性的个性化指导课程。经过共享课程的学习，一些家长虽认可劳动对孩子成长的重要意义，但认为会影响学习，因此在孩子参与家务劳动时未能耐心指导，甚至会出现"摆拍"等不诚信行为。为此，我们充分发挥来自第一类家庭的家长的作用，开展家长之间的互助指导，如：针对"学习比劳动重要"的观点，由来自第一类家庭的家长组织"劳动和学习矛盾吗"辩论会，帮助家长引导孩子学会处理学习和劳动的关系；针对家长在指导孩子参与家务劳动时缺乏耐心的问题，开设"诚实劳动有方法"微课程，由来自第一类家庭的家长担任讲师，分享指导孩子参与家务劳动的有效方法。

（本案例由上海市闵行区吴泾实验小学陆敏提供）

家长和学生通过参与家班共育劳动教育课程的学习与实践，形成了正确的劳动价值观，对家长而言，明白了对孩子进行劳动教育的重要性，学会引导学生主动参与家务劳动，并通过言传身教，让学生潜移默化地养成从小热爱劳动的良好习惯。而对孩子而言，由于父母对劳动态度的积极改变，以及父母的言传身教，也快乐地参与到家务劳动中来，在和父母一起劳动的过程中体会到劳动创造美好生活的意涵。

青浦区实验中学根据家长需求，以自愿报名的方式开展"我想更懂你"亲子团体心理辅导活动（见表6-6），邀请父母一方和孩子共同参加。亲子团体心理辅导活动每两周一次，每轮四次活动，每学期开展两轮，每轮服务16组左右家庭，活动开办五年来，服务家长和学生共1 280人次。[①] 在活动中，在教师的引导下，家长和孩子通过互换角色，倾听对方的想法，并给予积极回应。每次活动结束，家长分享各自收获与体会，这样的亲子团队心理辅导活动因为其亲子共学的特点，不仅有效缓解了家长的焦虑情绪，也促进了亲子沟通。

---

① 江礼梅."爱诚美志"润心　全员守护成长——上海市青浦区实验中学心理健康教育特色创建[J].现代教学，
2024(3—4).

表6-6 青浦区实验中学"我想更懂你"亲子团体心理辅导活动设计

主题	目标	活动名称	形式	课时
宽容:以爱为本	组建团体,呈现问题	组建团体	体验活动	2
		亲子矛盾再现	体验活动	2
真诚:以诚取信	体验不同沟通方式及背后需求	沟通姿态	体验活动	2
		内在冰山	体验活动	2
欣赏:以美修身	感受家庭的代际影响	家谱图	体验活动	2
		家庭三角关系	体验活动	2
坚毅:以志立业	寻找家庭资源	探索家庭资源	体验活动	2
		展望未来	体验活动	2

(二) 亲子共育共学的组织与活动

除了建设亲子共育课程之外,学校还可以建立亲子共育组织,开展相应的活动,邀请家长和孩子一起学习,一起成长。亲子阅读是非常适合学校开展亲子共育共学的主题之一。通过亲子共读,父母与孩子可以一起感受和体验读书的快乐,不仅能让孩子的精神和心灵得到成长,更能使亲子关系变得融洽,家庭氛围更加温暖。

虹口区柳营路小学是一所100%招收外来务工人员随迁子女的公办小学。家长都是外来务工者,他们忙于生计,陪伴孩子的时间较少,无论是学历层次、文化水平、文明素养,还是教育理念、教育方法等,都明显落后。虽然初中及以下学历的家长占据家长群体50%以上,但他们内心同样期盼孩子能获得好的成长与发展。学校根据柳营路小学家长群体的特点,成立"家长读书推进会",对家长开展"亲子阅读"指导,并为"家长读书推进会"起了一个既好听又有寓意的名字——"杨柳风"。"沾衣欲湿杏花雨,吹面不寒杨柳风",寓意家庭阅读如春风吹拂,家长读书推进会为"柳营"全体小朋友带来春天。[1]

【案例】

家长读书推进会

学校针对不同年级学生的阅读状况开展了不同主题的阅读活动。

针对一年级家长的"亲子阅读指导之阅读小秘密",通过多种形式指导家长掌握"关于书的小秘密",指导家长通过这些"小秘密"带领孩子走进读书天地,体验"别有洞天"之境,产生阅读的愿望。

针对二年级家长的"亲子阅读指导之阅读小乐趣",通过多种途径指导家长深入领会阅读的乐趣,从而愿意与孩子共同阅读,激发亲子阅读的内驱力。

---

[1] 曹彦."家长读书推进会":外来务工人员随迁子女学校家庭教育指导的实践探索[J].现代教学,2021(10).

针对三年级家长的"亲子阅读指导之阅读小探索",通过多种实践体验活动指导家长掌握不同文章体裁阅读的方法,指导家长掌握用"实践探索"的方式激发孩子阅读愿望的方法,激发孩子阅读的主动性、积极性,从而更好地开展亲子阅读。

针对四年级家长的"亲子阅读指导之阅读小思考",指导家长掌握多种阅读方式,给予家长一些简单实用易操作的亲子阅读方法,使他们可以融会贯通,不至于在亲子阅读中"问道于盲"。

针对五年级家长的"亲子阅读指导之阅读小成长",指导家长了解阅读的意义、内涵,明确为什么要阅读,帮助家长了解亲子阅读带来的成长,从中养成的好习惯,对亲子阅读充满信心,愉悦地进行亲子阅读。

学校通过"推贤让能",挖掘家长们的潜力,发挥他们的特长,让他们真正参与到阅读工作中来。在工作小组领导下,各班产生1—2名有一技之长的家长为"阅读理财师",帮助大家在"亲子阅读"中实现"教育增值";帮助孩子、家长从广义的角度理解阅读,学会观察,善于思考,带动更多家长从平面的书本阅读走向立体的生活阅读,开拓视野,丰富经历,密切亲子关系。"阅读理财师"的聘请,不仅仅让更多的家长参与阅读,更是让家长共同参与项目管理,让家长真正成为活动的主人。学校引导家长在亲子阅读的过程中积极发表对阅读内容的观感,并延伸至生活中对人对事的看法,增强亲子沟通与交流,增进相互了解与理解,从根本上促进家长陪伴方式的转变。

"家长读书推进会"组织开展的各项活动,让孩子感受到平等、尊重,并在各种阅读活动中与家长互动,与家长交朋友,有助于形成良好的亲子交流模式,增加亲子关系的亲密度。

(本案例由上海市虹口区柳营路小学曹彦提供)

学校开展的阅读活动,把家长纳入到共同提升学生阅读素养的教育目标中,引导家长在学习如何阅读并在陪伴孩子阅读过程中获得成长,最终实现亲子、家校的共生共长。

上海市徐汇区汇师小学以校园读书节为抓手,丰富学生业余生活,开展了有益又有趣的亲子阅读活动。一年级以亲子阅读的形式"听妈妈讲那过去的事情";二年级以"我和爸爸妈妈一起阅读"的形式了解榜样的精神;三年级以同伴阅读的形式"与好朋友云上共阅读"长征的故事;四年级以小队云分享知晓科学家的故事;五年级则走进社区,向社区居民宣讲楷模的故事。亲子阅读的意义绝不仅仅是阅读,更是以阅读为媒介的一种交流、一份陪伴。为此,学校设计了亲子阅读记录本"天天阅读"。每天20分钟的时间,让家长和孩子一起静心阅读,互动交流。亲子共读,阅读之后亲子之间又能交流分享,家长们在陪伴中体验亲子的幸福。这样的亲子阅读已经超出了阅读本身的意义,而成为构建和谐亲子关系,增进亲子感情的重要举措,极大地发挥了亲子阅读的意义和价值。

上海市浦东新区顾路幼儿园地处浦东新区曹路镇,曹路镇是介于乡村与城市之间的一个新兴社区。随着上海城市化速度加快,家长群体呈现出由本地社区居民、外区动迁居民、人才引进人员、外来务工人员组成的多元化结构,显现出典型的"人口组成多元化、经济水平悬殊化、文化素养差异化"的现状。家长群体对孩子早期教育的重视度、文学阅读的关注度,以及开展亲子文学阅读的能力和方法也各不相同。"以文启智,和谐发展,快乐奠基"是幼儿园的办园理念,幼儿文学课程是幼儿园特色课程。幼儿园选择了家园共建亲子文学苑这一载体,从指导家长亲子阅读以及开展亲子文学活动入手,通过指导家长开展亲子阅读以及其他文学活动,实现家长和孩子共同成长的目标。亲子文学苑是由父母和孩子一起参加文学活动,幼儿园给予父母以具体、专业、系统的指导,是一个提供亲子群体之间进行交流、活动的载体。

具体而言,创建亲子文学苑有两大目标:一是旨在立足家长群体情况,研发亲子文学苑系列活动和激励机制,整体激发家长参与亲子文学苑活动的积极性,从而增强家长对优质文学读物的选择和鉴赏能力、对幼儿文学阅读的指导能力;二是旨在通过"亲子文学苑"培育"爱文学、乐欣赏、喜阅读、善表达"的书香幼儿,打造一批具有书香气息的幼儿家庭,让亲子"阅读"变成亲子"悦读",实现家长和幼儿的共同成长。[①] "亲子文学苑"是一个家园互动学习平台,既能让家长树立学习的榜样,也能挖掘家长优势,更能引发家长对早期教育重要性的关注,在亲子阅读中培育家庭书香文化,提升家庭整体人文素养,实现家长和孩子的共同成长。

【案例】

家园共建"亲子文学苑"

我们通过家长会、家长沙龙以及班级微信公众号向各年级小朋友的家长发布、解读不同年龄段的幼儿文学欣赏能力培养目标,让家长知晓自己的孩子在文学阅读方面所要培养的兴趣、能力和品质,从而为家庭开展文学阅读指明方向,为"亲子文学苑"的有效开展打下基础。

模块一:推荐一批书目,让家长学会精选读物

要让家庭开展优质的亲子文学阅读,首先要解决"读物"问题,我们用"四步法"保障了家庭有优质书籍可读。

一是提供"共读书目"。我们根据幼儿阅读特点以及发展要求,为家长提供各年龄段适合的亲子共读书目。优质共读书目的提供,让家长能直接感知儿童文学作品的多样性和丰富性,拓展了家长选择书籍的范围。

二是编写"亲子导读"。针对我园大部分家长文化水平不高、缺乏阅读指导能力的现

---

① 顾晨玮.家园合作共建亲子文学苑,让家长和孩子共同成长——城镇化背景下幼儿园家庭教育指导的实践探索[J].现代教学,2019(22).

象,我们为推荐书目编写了亲子导读,帮助家长从作品主题、语言词句、意境内涵等方面把握作品的共读重点。我们还通过"与家长共读一本书"活动,以教师陪读的方式,让家长学会运用"亲子导读",从而为家庭开展亲子共读理清了思路。

三是梳理"年段特点"。我们引导家长比较不同年龄段幼儿特点,助其选择匹配书目。

四是"好书推荐"。为了保证亲子文学阅读书目的不断扩充和更新,我们还设置了"好书推荐"栏目,通过园所网页、微信公众号、"孩子通"平台、"家园专栏",向家长介绍优秀的幼儿文学作品,使家长获得更新、更多的文学作品信息,为家长选择书籍提供更多的可选方案。

"四步法"有效转变了大部分家长盲目选书的现象,精选文学作品为亲子文学"悦读"提供了基础。

模块二:开设系列讲座,让家长习得共读方法

一是"系统课程",让家长明晰各年段阅读指导要点和方法。我们通过讲座内容的课程化,让家长树立亲子阅读的正确理念,把握亲子阅读的侧重点和方法。

二是"精选教师",让家长深入浅出地理解讲座内容。组建由骨干教师组成的教师主讲团队,还邀请园外经验丰富的专家教师担任主讲人,保证家长有启发、有收获。

三是"丰富形式",让家长学有兴趣,有所获。我们在实践中形成了三种家教课程授课形式:开门见山式,指主讲教师针对问题和现象给出明确的可操作性的建议和方法;情景铺垫式,指主讲教师通过设置若干蕴含着教育问题的典型情景,让家长明晰问题所在,在研讨中分享交流彼此的经验或困惑,最后达成共识;个案剖析式,指主讲教师针对难点问题,做深度解读和互动,让家长明白问题的前因后果,学会如何观察现状,分清主次矛盾,在探究中逐步增强解决问题的意识和能力。

模块三:指导创建书香角,让家庭拥有良好的阅读氛围

为了增强阅读的仪式感,营造良好的阅读氛围,我们从环境入手,鼓励有条件的家庭创建家庭书香角。

"给予理念",让家长乐意参与创建。我们将文学课程特色环境创设的理念延伸到家庭,建议家长为孩子开辟具有安全感、专属感和界限感的专属阅读区。

"创建标准",让家长更能有的放矢。我们专门制定了"家庭书香角"建设参考指标,在区域选择、光线卫生、图书类别、设备类、装饰类等几个方面提供了创建参考标准。

"分享体验",让亲子阅读乐在其中。我们每年会开展"赏一赏——我的书香小天地"家庭书香角 VCR 分享、"找一找——家庭最美阅读者"摄影展、"听一听——最美声音"亲子诵读分享会,让大家在分享学习中,收获阅读带来的愉悦。

家庭书香角的建设,从根本上改变了以往我园家长忽视早期阅读的状况。书香角的创建,使得亲子文学苑在家庭得以延伸,为"悦读"拓展了新的空间。

模块四:引导参与亲子社团,让家长拓展阅读表征

为了让幼儿和家长真正走近文学,感悟文学之趣,我园将文学课程的教学经验延伸至家庭,开展了"亲子文学社团"的实践。在组建形式上,我们以班级为单位成立"童心文学社""童话剧表演社";在活动机制上,我们实行"自定时间、自定地点、自由结伴、自选内容";在活动形式上,我们推行"画一画、编一编、演一演"等多元表征。丰富的社团活动不仅让家庭感受到了文学表达的乐趣,同时也积累了丰硕的成果。

模块五:举办家长成长节,让家长有成功的体验

"亲子文学苑"中最被家长瞩目、最被家长期盼的,是我园每年结合"世界读书日"举办的"家长成长节"活动。活动有制作类、创编类、表演类和评选类。"家长成长节"涌现了一批又一批乐阅读的好家庭,见证了"亲子文学苑"对家长独具的成长价值。

(本案例由上海市浦东新区顾路幼儿园顾晨玮提供)

幼儿园建设亲子文学苑的过程见证了众多家庭对幼儿文学"变忽视到关注,变被动到乐学,变茫然到善学"的蜕变,涌现了一批又一批乐阅读的好家庭,见证了"亲子文学苑"对家长独具的成长价值。通过这一平台,家长和学校之间的沟通渠道得以畅通、关系得以密切、信赖度得以提高,家长与家长间的优势得以互补,家长重视早期教育的责任心得以增强,开展文学阅读的能力得以增强。在此过程中,幼儿园"以文启智"的办园理念得以深入落实,文学特色课程内涵得以深化,书香校园氛围得以营造,家庭整体人文素养得到优化,家长获得成长。

实践与研究证明,家长参与孩子的学习活动与学校事务,对学生而言,可以提升其学业成就,塑造正面而积极的态度与行为,增强学习动机与自尊心,提高学生和家长对学校的满意度。家长参与学习对孩子发挥了鼓励、示范、增强、教导等作用,这些作用又强化了他们的学习动机。

五、成立学习型家长组织,引导家长互助互学

家长是成年学习者,自身已经具有丰富的生活经验和家庭教育经验,他们更希望能够与其他家长进行交流,而且也更有能力在交流中相互帮助、相互学习。很多学校意识到家长的这一学习需求,探索通过建设家长学习共同体,引导建立以家长为主体的学习型组织,促进家长自我学习。学校为家长组织创设适宜的环境,适时介入,给予专业指导,但整体上,家长是学习型组织活动的主体。

（一）建设指向家长互助学习的家长沙龙，让家长在互动与分享中学习

指向家长共同学习的家长沙龙，是以家长为主体构建起的学习共同体，是以家长为主体组成的沙龙式组织。沙龙的目的在于发挥家长的主体作用，通过相互分享知识与经验，在共同研讨中相互学习、相互启发、共同提高。

1. 指向家长共同学习的家长沙龙活动的特点

其一，体现家长的主体性。家长沙龙活动能让家长自由选择参与时间，能依据家长需要和普遍关心的问题产生话题，学校教育者参与家长热点问题的讨论，但话题的产生与确定、活动的过程都要充分尊重家长的意见。

其二，注重家长之间的互动与分享。通过沙龙活动教师与家长、家长与家长之间进行互动，共同讨论、分享各自遇到的问题与解决办法，相互学习、相互启发、相互激励。

其三，聚焦家长所共同关心的话题。家长沙龙活动的主题是生成性的，也可以是预设的。比如教育者可以收集困扰家长的共性问题，或者围绕家长普遍关心的一些新的教育政策，如招生考试改革，确定主题，也可以由家长根据自己的困惑和难题进行话题创设。

其四，学校教育者要给予家长专业指导。作为家长沙龙活动的组织者和指导者，学校教育者应该对话题进行分析、选择，并在家长互动中，进行有效引导，使互动具有"建设性"，以免让家长的分享变成发牢骚。

2. 指向家长共同学习的家长沙龙活动的操作要点

家长沙龙没有固定的操作模式。但从主题确定到活动过程，都需要学校教育者精心设计，而不能随心所欲。通常情况下，一个沙龙活动包括以下要点。

（1）主题确定要基于家长需求。在确定主题前，教育者要深入开展调查研究，通过问卷调查及主动询问家长等形式，了解家长在家庭教育中遇到的难题和困惑，并将这些问题进行归类。主题确定之后教师要将主题提前告知家长，这样可以让家长"有备而来"。

（2）要秉持家长自愿原则。沙龙活动是一种需要参与者积极投入的活动，因此家长一定是主动的自愿参加。学校组织者要尊重家长的意愿，不可强制要求，家长可以根据需要自己决定是否报名。

（3）教师要对沙龙活动过程予以指导。家长沙龙活动要就共性话题或问题进行深入讨论，寻求解决办法。教师在过程中要适时引导，促进各方互动，确保沙龙呈现出轻松、融洽的氛围。

青浦区实验中学针对一些有共性问题的家长，比如因孩子情绪易激动、拒绝与家长沟通等问题，组织家长参加以"心态调适"为主题的"双线融合"家长沙龙。首先，由学校德育处招募有学习意愿的家长，建立家长群，开启线上读书沙龙和线下话题分享活动，指导家长重视孩子的独立性发展，理解孩子的自主愿望，尊重孩子的隐私和自主发展的需求，给予孩子适度的独立成长空间。依托线上读书沙龙，家长一起阅读家庭教育相关书籍，每天开展一次读书讨论。举办线下"心态调适"家长沙龙，每次活动按照"心态疗愈"国际标准流程，在带领人的引导下，练习如何进行"不给建议、不打断、不评判"的聆听方法。沙龙每周开展一次,每轮持续一个月,每学期滚动开展四轮(见表6-7)。①

表6-7 青浦区实验中学家长成长沙龙

主题	理念	沙龙名称	形式	课时
宽容:以爱为本	父母与孩子	以爱的眼光看待自己(父母)	沙龙	2
		以爱的眼光看待孩子	沙龙	2
真诚:以诚取信	攻击与防卫	攻击背后的自我防卫(父母)	沙龙	2
		孩子防卫背后的真实需求	沙龙	2
欣赏:以美修身	期待与接纳	合理期待	沙龙	2
		接纳孩子	沙龙	2
坚毅:以志立业	相信生命的无限可能	没有什么好怕的	沙龙	2
		唯有坚持,才有收获	沙龙	2

　　奉贤区肇文中学在一对一家庭教育指导过程中,梳理出家庭教育中的某些共性问题,以这些问题为话题组织家长沙龙活动。如作业辅导是不少低年级家长焦虑的重点,年级组长组织了以作业辅导为话题的家长沙龙活动,班主任提前下发沙龙活动预告,欢迎有需求、有兴趣的家长报名参加。家长沙龙由家长主持,主持人抛出问题,家长们畅所欲言,大家提出困惑、交流做法,教师进行及时点评指导,帮助家长正确对待孩子的作业问题。针对班级比较突出的手机问题,八年级班主任开展以"手机,想说爱你不容易"为主题的家长沙龙,邀请学生、家长及教师共同参与,大家分别交流各自对学生使用手机的看法和态度,在深入沟通、交流与互动中,学生与家长彼此了解并尝试理解对方的观点,在班主任指导下探讨如何正确合理使用手机,共同制定手机使用规则,努力缓解亲子矛盾与冲突,就家庭教育中的棘手问题为家长提供指导与帮助。

【案例】

开启家长沙龙,搭建家长交流平台②

　　学校班主任利用班级教育阵地,开展线上线下家长沙龙,以开放式研讨的方式,积极搭建"家+"沟通新桥梁。家长们因为学历、职业、成长过程等不同,通过家长沙龙共读、共享、共交流的形式有利于达成共识。如,班主任引导家长共读"双减"政策,进一步理解政策背后的意义;家长通过倾听老师对政策的解读,明确当下家校共育的重要意义;家长经验分享,在家长间形成共鸣。

---

① 江礼梅."爱诚美志"润心　全员守护成长——上海市青浦区实验中学心理健康教育特色创建[J].现代教学,2024(3—4).
② 徐芸.家校协同落实"双减"的路径探索[J].现代教学,2022(15—16).

学校还开展分类主题研讨。针对家长普遍关心的"电子产品、阅读物、课外班"等问题，由相关的学科、体育、心理、德育等教师或者邀请本身就是该领域专家的学生家长代表来主持专题讨论，积极引导家长配合学校落实好睡眠等方面的管理要求，针对每个家庭情况，开展精准指导，提高家长亲子沟通和教育引导水平，着力解决孩子成长中的难点问题。

通过开展沙龙活动，家长们加深了对相关教育政策法规和家校共育重要性的认识，有效地梳理了特定家庭适用的方法举措，促进了家长理解和支持学校工作。

（本案例由上海市徐汇区汇师小学徐芸提供）

沙龙活动通过经验分享的形式，改变了以往家庭教育内容由学校"单向输出"的局面，家长由于相互之间具有更多的共同话语，所以交流的问题会更广泛、更深刻。在解决类似的问题上，他们还可以彼此相互借鉴，相互启发，提升自己的家庭教育水平。

（二）建立家庭互助组织，让家长互帮互学

家庭互助组织是由家长自愿组成的家长组织，在学校教育者的引导下，以家长互助互学为目标，通过共同互助性活动，提升家长家庭教育理念，促进孩子全面健康发展。

1. 以家庭为单位的互助组织：亲子共学习

以家庭为单位的互助组织，一般由一个班级中相互熟悉的几个家庭组成，因为家长、孩子之间都较为熟悉，易于沟通，也容易组织，因此所开展的活动有利于营造宽松的氛围，为许多家长解决了难以解决的问题。

虹口区红旗小学"家庭互助苑"是一个以家庭为单位的互助组织。参与者不仅包括教师、家长，还包括学生。"家庭互助苑"以家庭为单位自愿组合，以解决家庭教育问题为切入口，以家庭为单位的参与模式使其区别于一般的以学生为主的小队活动，也区别于以学校教师为主体的家长指导活动。

【案例】

"家庭互助苑"，快乐共成长

"家庭互助苑"成立之前，学校以班级为单位召开学生家长会，将"家庭互助苑"的意义和作用介绍给家长，听取家长们的建议和意见。接着请家长自由组合，一般家长根据孩子之间的关系选择"伙伴"家庭，然后家长们自选一位信得过的家长为小组负责人。

第一次活动由家长主持，经过大家的商定，最后确立了几个主题作为活动的内容。家长们共同制订计划，设计活动方案，联系、落实活动的地点、时间与具体事项。

1. 活动内容

"家庭互助苑"的活动内容根据学生的问题、表现，家长的困惑、需求而设立，大致包含以下几方面。

(1) 孩子的学习态度问题。如：回家作业拖拉、学习缺乏主动性、难以养成良好的学习习惯，等等。

(2) 孩子的兴趣特长培养问题。如：该如何看待超前教育的利与弊，家长该如何安排孩子的业余生活，是否该让孩子有更多的业余兴趣爱好，等等。

(3) 孩子的心理健康问题。如：孩子性格内向，父母难以与孩子沟通；孩子做事凭小聪明，骄傲自满；孩子胆小，缺乏自信；孩子与同伴关系紧张，缺少朋友，等等。

(4) 孩子的生活能力问题。如：如何培养孩子生活自理能力、交往能力、适应能力，等等。

(5) 家长教育的方式问题。如：如何与孩子成为真正的朋友，低年级学生需要陪读吗，等等。

2. 活动方式

"家庭互助苑"主要有以下三种活动形式。

(1) 研究性沙龙活动

研究性沙龙活动以座谈、研讨形式为主，对象以家长为主，有时学生也可参与。以具有一定理论水平和实践经验的家长为主讲者，以专业的家教指导读物为学习教材，以家庭教育中的真实案例为讨论话题，大家畅所欲言，分享育儿过程中自己的经验。家长们通过家教方法的比较、孩子最终的学习效果，在热烈的讨论交流中寻求自己认为适合的最好教育方式。

(2) 社会性实践活动

家长们根据孩子胆小、不会与人交往的特点，与孩子商量后而设定"学当小记者"活动。以一位熟悉记者工作的家长为主要组织者，活动前与孩子们共同商定方案：选择适当的地点、时间；了解采访的过程；确定采访的对象与话题；等等。活动中孩子们相互鼓励，走出了勇敢的第一步。采访失败了或者不理想没关系，家长的一次次实地指导，既增强了孩子的自信力，又帮助孩子找到了自己的不足之处。但社会实践活动必须筹备充分，因此一般先在计划制订前召开有关人员的会议，根据需要拟定一个具体的活动方案，分配各项工作的负责人，既要考虑到安全因素，又要有让孩子锻炼的舞台。教师总体把握方案的可行性，家长做好具体的事宜。

(3) 家庭联谊活动

此类活动以小组活动形式为主，两三个兴趣相投的家庭自由组合，时间、地点更灵活。

如,家长们组织了"安全用电知识竞赛""家庭卡拉 OK""亲子体育比赛""创意 DIY""红红火火包饺子"等小型家庭联谊活动,这些活动拉近了孩子与家庭成员之间的距离,促进了情感的交流。

"家庭互助苑"的成员并不是一成不变的,班内的几个小组负责人一起研究商讨,互通信息,及时将各小组开展的内容进行交流,家长可以根据自己的需求,在小组负责人的安排下调整自己的选择。有时因为指导内容有相近之处,便会几组联合一起活动。具体到"家庭互助苑"活动的时间、地点、人员、内容都可以因家长的需求作适当的调整,家长可以充分将自己或家人的特长在各家庭面前进行展示,教师则将学校中发现的问题与家教中共同的问题提出进行探讨,发挥事实上的引领作用。这种多主体交互学习,让家长在"家庭互助苑"中更有乐趣,让孩子更为父母感到自豪。

"家庭互助苑"活动后,家长与孩子都要进行简单的小结,对于表现出色的孩子、家长,学校会通过家长学校的先进评选给予表彰。每学期,学校充分利用宣传阵地对"家庭互助苑"活动优秀的经验进行展示交流,评比"优秀家庭互助苑"。

(本案例由上海市虹口区红旗小学陈燕提供)

可以说,"家庭互助苑"既是孩子成长学习的乐园,又是家长互动提升的课堂。通过"家庭互助苑"的各类活动,实现家长、孩子、教师积极互动、平等参与,尤其是让家长学习自我教育、自我发现问题、自己采取措施解决问题。在"家庭互助苑"活动中,家长结识了许多新朋友,孩子收获了友情与进步,父母子女间的相处增进了亲情。人与人的关系在活动中更为融洽,情感也在不知不觉中相互交融。通过活动,家长的家庭教育意识明显增强,亲子间的融合度逐步增长,孩子的各种能力有了明显的增强。

2. 互助式"家长学校":让家长共研共学

上海市宝山区第三中心小学创办 20 多年来,确立了以"家校携手为每一位孩子的未来成长奠基"的家庭教育工作指导思想,形成"家·未来"家庭教育指导工作体系。[①] 在以往的家长学校开展过程中,学校看到有相当一部分家长,觉得家长学校的内容和自己无关,对家长学校的内容不感兴趣,或者仅仅是参与而已。于是学校探索互助式家长学校模式,通过建立家长互助团体,使全体家长的学习空间变成若干个小组学习空间,打造一个动态的、互动的学习场所;改变授课方式,让家长更多地以一种互助的形式参与学习活动,一起分享、探讨、交流,增强育儿技巧与能力。

---

① 张瑜.互助式团队:家长学校的新模式——上海市宝山区第三中心小学家长学校的探索与实践[J]. 现代教学,2019(22).

【案例】

互助式团队：家长学校的新模式

面向全体家长，学校以互助式团队的模式开展"一研四步一单"家长学校活动，让每一位家长更多地以互助的形式参与其中，在分享互助、交流体验中提升育儿技巧与水平，从而营造互相学习、互相影响、互相启发的良好氛围。

1. 组建互助团队

各班家长根据共同的育儿问题、兴趣爱好、居住地等情况自主组建若干互助团队，团队联络员由班级家委会招募、聘请或直接参与。每个互助式团队，学校都将配备教师全程参与其中，进行协助与指导。

2. 确定内容架构

学校针对家长的需求及社会相关热点、家教难点等问题，制作了《家·未来——快乐成长家长辅导手册》，内容涉及八大主题（见表6-8）。

表6-8　家长辅导八大主题

主题	内容	目标
要怎样爱你才算对	● 爱的代价 ● 盲目攀比很伤人 ● 父母更需要成长	对孩子正确表达爱
不在外面的世界中迷失	● 拥有高质量的陪伴 ● 创设更深入的体验 ● 掌握多视角的应对	高质量的陪伴孩子
我们真的懂"助人为乐"的意义吗?	● 接受异己才能悦纳自己 ● 帮助别人快乐自己 ● 拥有人际理解力才会更受人欢迎	教会孩子学会帮助别人
当家里多了二宝	● 有了二宝，大宝不乖了 ● 二宝是一场家庭考试 ● 二宝的礼物	关注孩子的情绪
恰到好处的挫折教育	● 挫折是可以激发潜能的 ● 挫折教育是顺势而为的 ● 挫折教育需要细水长流	挫折教育的科学性
妈妈的宝贝要自己成长	● "缺席"的星期三 ● 儿子，妈妈帮你来许愿 ● 我估计我妈会替我相亲	培养孩子的独立性
"冷暴力"离我们多远?	● 言语暴力不要认为只是说说而已 ● 忽视不能解决问题 ● 同学群也有暴力	与孩子平等的沟通

主题	内容	目标
主动伸出手，放在友情里	● 创造尝试的机会 ● 即使被拒绝又何妨 ● 主动交往不留遗憾	培养孩子主动交往的能力

3. 开展学习活动

学校改变以往家长学校的教学模式，组建互助式团队，探索"一研四步一单"的五次互助式学习。

一研，倾听心声——生成家长育儿内容的"参谋池"。家长学校在授课之前，以调研问卷或座谈会的方式倾听家长的想法，了解他们育儿中的困惑与迫切需求，由互助团联络员反馈至学校，学校则立足家长认知水平与需求，从而补充、调整、充实指导内容、指导重点。

四步，循序渐进——筑成家长育儿能力的"蓄水池"。在家长学校的授课活动中，授课教师多采取团队合作完成任务的形式，让每一位参与听课的家长通过"听、学、做、练"的任务驱动，学习到相关家庭教育知识和方法，从而更好地对孩子进行有效的家庭教育指导。

听：此过程主要是由授课教师根据授课主题及前期调研中家长感兴趣的内容，进行具体内容的教授，家长们以个体学习的方式认真倾听讲座内容。

学：在教学的过程中，家长可以就授课教师的某些观点在互助沟通平台中进行"一句话跟帖"或"一句话表达"，或提出自己的困惑，在充分学习交流的过程中内化为所学。

做：授课教师在教学过程中会发布相应的任务单。家长以团队合作的形式完成授课教师发布的相关任务，而授课教师也能及时检验家长习得情况。团队中的每一位成员在任务单中都有相关的任务要求，这样也带动了每一位成员的积极性。

练：创设一定情境，以家长互助式团队进行模拟演绎，让家长通过演一演的方式，将习得的知识转化为教育行为，授课教师及时对家长进行现场指导。

"一单"，即巩固实践——形成家长育儿方法的智囊池。

活动后，每个互助式团队会根据本次家长学校的学习内容，自主开展后续的相关活动。包括：(1)体会撰写，团队成员撰写与本育儿主题有关的心得体会，好的文章可由互助团队的联络人推荐刊登在学校校刊《三心花絮》上，让更多的家长得到学习与借鉴；(2)家长沙龙，由团队联络员召集，就授课教师讲的某些内容进行答疑解惑，或就实际遇到的问题进行集体探讨;(3)联谊活动:以团队为单位,带领自己的孩子参与团队的各项联谊活动,在轻松的氛围中彼此探讨育儿问题,增进友谊和团队凝聚力,使团队成员更积极地参与更多家教活动。

（本案例由上海市宝山区第三中心小学张瑜提供）

红旗小学的"家庭互助苑"和宝山区第三中心小学的"互助式团队"家长学校提升了家长参与学校教育的水平。家长通过互助活动,能更积极地参与到学校教育之中。同时,这种互助形式延伸到了学校的其他工作中,家长参与学校其他活动或工作也更积极主动了。例如:宝山区第三中心小学更多的家长愿意参与学校家长驻班制活动;各班家长能与年级组长、班主任老师共同策划各类活动。同时也正是家长的理解支持,学校的办学理念和课程实施得以有效落实,办学质量不断提升,成为老百姓满意的优质学校。

作为互助式团队的指导者,教育者的改变也是显著的。家长互助式团队的运作过程,需要教师要针对家长的需求及时给出有价值的建议,切实解决家长的实际问题。这种变革倒逼教师必须通过不断学习改变教学策略和方式方法,提高自己的专业素养。因此,家长成长的过程,同样是教师学习力、研究力、指导力提升的过程。

从以上案例可知,旨在让家长互助互学的互助式组织与活动的设计与实施有以下几个要点。

其一,活动或课程的设计要基于家长的真实问题与紧迫需要。如,红旗小学"家庭互助苑"每次活动都以解决家长在家庭教育中遇到的某一典型问题为目标,这一问题来源于每个小组内家长的真实需求,这使得活动对家长和孩子具有较大的吸引力,从而提高活动的有效性。

其二,学校专业的组织与专业指导是成功的关键。家长的自我学习并不是家长的自由学习,而依然是学校"关注"下的学习,是在学校专业指导下的学习。家长学习型组织的运作,更加考验教师的组织策划能力和专业指导能力,因为这种更为自由的学习方式需要教师具有更全面的知识结构和对各类问题的洞察力,以及更加灵活的应变能力和更具亲和力的交流方式等。如红旗小学每一组"家长互助苑"都配备教师全程参与其中,进行协助与指导。宝山区第三中心小学组建了以家庭教育负责人为中心的家庭教育核心团队,具体负责互助式团队家长学校的开展情况,每位教师参与各家长互助式团队,进行全程的参与、指导与协调。与此同时,学校定期对互助团的联络员、各班家委会成员开展培训活动,让他们进一步明确自己在团队中的职责,积极发挥作用,引导、带领团队成员共同进步。

其三,强调以家长为主体的互助互学。互助式家长团队活动旨在促使家长在互动中相互学习。如"家庭互助苑"强调家长、孩子、教师平等参与,积极互动,突出家长的主体性,引导家长自我发现问题、自定目标、自己采取措施解决问题。学校在活动过程中持续对互助式团队的学习、活动进行观察,及时对团队的相关问题进行反馈,对学习进程进行指导、评估,如此做的目的都是为了更好地发挥家长的主体性,促进家长自我学习。

其四,学校和教师在组织与指导的过程中要始终将家长作为教育的"伙伴"。学校教育者要倾听家长的心声,观察他们的需要,尊重他们的意愿,取得他们的理解和支持,活动的内容和形式由家委会、班级家长会商讨决定。这样才能让活动真正成为"家长的活动",家长也才可能愿意成为教师的"伙伴",从而真正参与到学校的各项工作中去。

第七章

走向高质量的家长参与：
对策与建议

当前家长参与学校治理依然存在参与深度不够、部分参与、形式化参与等问题。在现代学校治理视角下，需要加强法治建设，厘清家长参与学校治理的责任与边界；优化学校治理结构，完善家长参与学校治理的体制机制；鼓励与支持多样化校本研修，增强教师家庭教育指导能力；深入开展家长参与学校治理的校本实践研究，不断提升家长参与学校治理的质量。

虽然家长参与学校治理具有重要性、紧迫性,而且越来越得到政策与法律的支持,但从上海市中小幼学校实践看,还存在若干需要进一步探讨的问题。基于对现状的分析,本章聚焦当前家长参与学校治理实践中需要进一步思考与讨论的问题,并就这些问题的解决,对教育行政部门、学校以及教育研究者提出建议。

一、当前家长参与学校治理存在的典型问题

当前家长参与学校治理依然存在参与深度不够、部分参与、形式化参与等问题。这些问题的存在,严重影响着家长参与学校治理的有效性。

(一) 家长参与层次不高

家长参与学校治理是个循序渐进的过程。按照参与程度,家长的角色转换大概需要经历四个阶段:

第一阶段:冷漠的旁观者——学校事务消极的旁观者
第二阶段:被动的参与者——学校事务被动的参与者
第三阶段:主动的组织者——学校事务主动的组织者
第四阶段:积极的建构者——学校事务的策划者、组织者与执行者

上海是全国较早开展家庭教育研究的城市,党的十八大以来,在教育行政部门和妇联等部门的联合指导下,学校家庭教育工作取得很多成功的经验,尤其在家校合作方面卓有成效。但在家长参与学校教育治理方面,大部分家长还处在上述"第一阶段"和"第二阶段",而且整体上呈现不平衡现象,学校之间差异很大。有不少学校非常重视家长的参与,也有相当一部分学校并未在思想上真正意识到家长参与学校教育是家长的权利,家长是推动学校变革的重要力量,这也导致整体上大部分学校的家长参与尚停留在较低层次。

例如,就家长参与学校管理而言,学校管理分为决策、执行、监控和评价等环节。目前,学

校引导家长参与学校管理,不管是督学还是督查、听证等形式,在大多数情况下家长只是参与了学校管理过程中的执行环节,并未参与到管理的决策环节;而在家长参与领域方面,家长较多参与的是与学生生活利益相关的事务,如校服选择、是否安装空调等后勤保障方面,对于学校决策、课程与教学等方面的参与还不够普遍。

(二) 家长参与呈现社会阶层化趋势

当前,家长参与学校治理呈现出"部分"家长"部分"参与的现象,这与所有家长全面参与的目标还有较大距离。虽然参与学校治理是每个家长的权利,但实际情况是,能够真正参与学校治理的家长只是家长群体的一小部分,而且呈现出社会阶层化趋势。比如,家委会成员大部分是拥有社会资源较多的少部分人;出席"听证会"、担任"督学"的家长也多是家长中的"杰出人士",而更多的家长并没有参与学校决策的机会,在大多数情况下,家长依然只是学校教育的配合者。

另一方面,在大部分学校,家长参与的领域由学校决定,其能参与的领域不是学校教育教学所有领域,而是"部分"领域,尤其是公立学校,如果学校比较强势,那家长并没有多少话语权。比如,家长在教师评聘、课程设置方面,虽然学校也会安排家长说明会,但并非向家长征求意见,而是"知会"家长而已。

(三) 家长参与的"形式化"导致"虚假参与"现象普遍

虽然很多学校允许甚至鼓励家长参与学校事务决策与管理,但实际上家长经常表达对参与学校决策的失望。因为他们觉得在参与决策过程中,家长作为决策者的角色被边缘化,学校重大事务的决定权依然掌握在校方。这实质上是一种形式上的参与,是"虚假参与",而非"真实参与"。以校长为首的行政人员、教师和家长组成的"学校治理委员会"或"议事会",看起来是共商校务大事,但实质上只具有象征意义,"允许家长参与校务决策,或者只是一场以教育改革为名的作秀"。

(四) 学校家委会的"缺位"与"越位"

家委会是代表家长群体利益的组织,是代表家长行使教育参与权的最重要组织。所谓"缺位"是指,家委会没有承担起其代表广大家长行使权利的责任。目前很多家长(尤其是家庭经济条件较差的学生家长)多数无意愿参与家委会的事务,或者因为没有时间、子女课业成绩不佳等原因而不愿意参加家委会。由此,家委会给人造成一种印象——"少数人"的组织,甚至某些家委会变成少数家长的"俱乐部",而无法真正代表大多数家长的利益,从而无法发挥家委会应有的作用。

所谓"越位",是指很多学校的家委会常常过度介入学校事务,从而形成对学校正常教学的干扰。随着家长教育需求的多元化、家长教育素质的提升及家长权利意识的觉醒,学校与家委会的摩擦越来越多,家长过度干预学校管理的事件开始涌现,家委会与学校,甚至家长与家委会之间产生矛盾的案例越来越多。甚至有的家委会违反规定,收取不合规定的款项,有的干预学校教学工作以及教师人事安排等。据 2023 年 2 月 9 日的《南国今报》报道,寒假期间,柳州某教育集团发布一则公告:2023 年 2 月 13 日起,学校现有各班家委会终止一切行为,全部解散。据当地一所取消班级家委会的学校校长说,这样做"主要是部分班级家委会的作用变味,违反规定,收取不合规定的款项;还有,就是部分班级家委会的孩子获得了荣誉称号,引发其他家长的议论和不满;此外,有的家委会过度干预班级管理,不利于班级的发展"。① 某教育集团的这一行为引发众议,而且"大多数网友支持解散家委会"。而某教育集团有没有权力取消家委会?家委会应该如何代表家长履行权利? 这些问题都需要教育者在现代学校治理背景下重新思考。

二、学校应对家长参与治理诉求的能力有待提升

在教育治理现代化背景下,家长参与学校治理的强烈诉求对学校提出了新的要求。从研究结果来看,学校显然还没有做好准备。

(一)学校的态度犹豫不定

尽管研究已经证明家长参与学校治理会对学生产生正向的影响,但对学校而言,家长参与究竟是贡献还是干预? 是否真的利大于弊? 在家长参与学校治理已经成为教育潮流和改革趋势的大背景下,很多校长既期待又担心:他们既期待家长的参与能够为学校发展注入新活力,但又担心家长的参与会干扰正常的教学秩序。学校犹豫不定的态度在很大程度上影响其支持家长参与学校的态度与举措。

(二)教师的专业素养面临巨大挑战

家长参与学校治理对教师也提出了新的要求,要求教师不仅要具有民主、开放的心态,还要有与家长沟通的能力、组织策划的能力等,这些新能力必然成为教师专业能力与专业化发展的新内容。实践发现,大多数教师显然还没有做好充分准备,还需要教师与时俱进,不断提升自身专业素养。

(三)家长参与权与学校专业自主权的冲突

在现代科层体制的学校权力运作形态下,合法性的权力掌握在校长的手中。而教育教学权掌握在以教学为专业的教师手中。学校抵触或拒绝家长参与最常见的理由是"干扰教学",这就涉及"家长参与权"和"教师专业自主权"之间的平衡。按照文件规定,家长委员会在学校的指导下履行参与学校管理、参与教育工作、沟通学校与家庭等职责。那如何理解"学校指导"、学校"指导"到什么程度等,也是关涉"家长参与权"和"教师专业自主权"的问题。家长参与学校治理的范围可广及学校的所有教育事务,但其结果可能是学校认为家长侵犯教师的专业

---

① 柳州某学校发布公告:取消家委会,全部解散! [N].成都商报,2023 - 02 - 10.

自主权,导致学校与家长的冲突。因此,调查发现,不论是行政人员或者教师,皆对家长参与决策持保守态度,认为家长适合扮演协助者而非决策者。这使得家长与学校经常处于对立状态。

三、给教育行政部门的建议

随着社会的发展,家长参与学校治理已成为必然的趋势。基于对问题的分析,为了让家长能够有意愿、有信心、有能力参与学校教育教学,提高家长参与的积极性与参与质量,教育行政部门可以从以下几个方面着手。

(一)加强法治建设,厘清家长参与学校治理的责任与边界

依法治校背景下,只有从法律法规层面规范家长参与学校治理的权利与责任,才能充分调动家长参与的积极性,实现真正的高质量参与。目前,我国还没有专门保障家长参与学校治理权利的法规制度。尽管在《中华人民共和国义务教育法》《中华人民共和国未成年人保护法》《中华人民共和国家庭教育促进法》中涉及家长参与学校教育的权利,但这些法律规定由于其内容过于宽泛,且并无具体的施行细则可供参酌,因此在大多数学校,家长参与的权利随学校主观决定;家长和学校不是地位相等的权利主体,前者受后者的规定和限制;家长权利处于权利的边缘位置,尤其突出地表现在家长缺乏儿童学校教育及有关事务的决策权。[①]

毫无疑问,和家长群体相比,学校和教师处于教育教学的专业地位,对教育教学活动具有不可比拟的专业优势。因此,要落实家长对学校治理的参与权,并不是所有领域都要向家长开放,也不是说家长的意见对于学校的一切事务均具有决定性作用。只有从法律制度上确定家长参与学校治理的权利与责任,才能实现真实的、有质量的参与。因此,非常有必要通过制定层次较高的法律法规明文规定家长参与教育的权利,包括其知情权、选择权、监督权和决策权等,明确家庭与校方所应承担的责任与义务,并使这些规定进一步明确化、规范化和法治化。只有使家长参与学校治理的权利成为法定的权利,才能使人们真正意识到家长参与学校治理的地位和作用,也有助于家长明确参与教育不仅是其权利,也是其不可推卸的责任与义务,从而更好地发挥和利用家长的教育作用与价值[②],更好地促进未成年人全面健康发展。

因此,为了促进家长更高质量地参与学校治理,需要在国家层面制定或修正现有关于家长参与学校教育事务的法令,清楚界定家长参与学校教育事务的规范,让学校教育人员与家长有所遵循。另一方面,据调查,家长之所以不能或不愿意参与学校事务,最主要的原因是没有时间,或自己可支配的时间不能与学校的时间一致,所以未来政府可以以法令的形式给予家长每年有薪假期一日去参与学校教育,并鼓励家长单位给予身为家长的员工更多时间上的支持,使

---

① 范秀双.论学生家长参与学校教育的权利[J].教学与管理,2000(8).
② 虞永平.幼儿园课程中的家长参与和家长发展[J].学前教育研究,2006(6).

家长参与学校教育成为社会共同的任务,而非个别家长的私事。而有了法律的保障,既可以使教育行政部门依法行政,督导学校保障家长参与学校教育权利的工作,也可以使家长参与学校教育有法律依据,使学校必须接纳家长参与学校治理。

(二) 为学校提供交流与研讨的平台,为学校实践提供支持与保障

学校改革需要得到上级行政部门的支持。政府行政部门的支持,是推动家长参与学校治理的最重要力量。家长作为学校治理主体参与学校治理可以有各种方式,但任何一种方式,都必须基于学校和家长协商所达成共识的基础之上。

家长作为治理主体参与学校教育的实践,尤其是机制建设涉及家校社不同方面,牵涉的主体较多,需要政府部门和各级教育行政部门的综合协调。此外,大多数学校对于家长作为治理主体参与学校治理,还缺少必要的认知,在操作层面也缺少政策以及相关法规的引导,因此,政府和教育行政部门要注重搭建各类平台,提升学校的治理水平,为学校探索与实践提供保障。

从实践层面看,区域层面政策的支持,以及行政部门的大力推动主要表现为支持学校积极探索学校治理结构转型的探索。2015 年初上海市金山区印发《金山区教育局关于进一步推进家校(园)合作的实施意见》,并以 1 号文件形式向全区正式发布。该文件明确了教育局和学校在家校合作上分别承担的权责任务。在学校层面,要求进一步加强校级家委会建设,切实落实校级家委会对学校办学的参与权、评议权和监督权。学校应在学年度工作计划和与学生利益相关的重要政策制定实施前听取家委会意见;在开展全校性重大活动时应邀请家委会成员参加,全校性的运动会、艺术节、科技节当日有条件的应向全体家长开放;鼓励有条件的学校试行家长代表驻校办公制,参与学校管理。[①]

宝山区完善机制,从制度建设入手,让学校和家长共同成长,构建了"区级家校合作领导决策机构、区级家校合作业务引领机构、校级家校合作实践执行机构"三级家校合作共同体机构,实现分级管理,并从制度着手,完善了"三级网络运行制度""联席会议制度""资金保障制度""督导评优制度""研训一体教研制度""过程指导制度""述职制度"[②],从而使家校合作在原则、目标、过程和手段上协同一致,让家长参与学校治理在行动上有章可循,让学校和家长在家校合作教育实践中获得成长,真正实现"互信、互助、共生"的家校合作新格局。

作为上海首个区域教育综合改革创新示范区,走在改革前沿的浦东新区积极探索、先行先试,创建"护航 365"家庭教育指导品牌,联通区域内各校、各组织、各社区,架构了"日日可阅读、周周可咨询、月月可聆听、季季可互动",365 天时时有支持的具有鲜明浦东特色的家庭教育指导支持系统。2022 年,在浦东新区第十九届家庭文化节暨第二十二届家庭教育宣传周开幕式上,浦东新区家庭教育支持联盟宣告成立。联盟由从事家庭教育相关的政府机构、公益单位、

---

① 郁琴芳. 家校合作 50 例:区域设计与学校智慧[M]. 上海:华东师范大学出版社,2018:55—60.
② 郁琴芳. 家校合作 50 例:区域设计与学校智慧[M]. 上海:华东师范大学出版社,2018:36—45.

学校、社区和家长志愿者自愿组成的，不受区域、部门限制，是一个开放性的合育联盟以及社会性的家庭教育支持组织。浦东新区以联盟为载体，从区域层面汇聚家庭教育指导力量、统整家庭教育指导资源、优化家庭教育指导配置、创新家庭教育指导模式，通过加强一批家门口的家庭教育服务项目、创设一批家门口的家庭教育服务指导点、开发一批家庭教育指导"随声听"课程、丰富一批家庭教育指导平台、组织一批家庭教育指导亲子活动等"五个一"工程，为浦东新区百万家长提供高质量的家庭教育支持服务。[①] 2022年，浦东新区教育局联合专业教育研究机构编写了《家长指导手册》，并作为新学年的礼物送给全区从幼儿园到高中的全体家长。2023年暑假，针对基础教育各学段学生成长问题编制的《浦东新区学校家长指导手册（第二版）》全新面世。

上海市教委德育处组织的家庭教育示范校评估，也大大推动了全市中小学与幼儿园的家庭教育工作，提升了学校对家庭教育的多角度认识。在区域政策的引领与支持下，各中小学幼儿园家长参与学校教育的改革与实验更加有方向和有深度。实践也说明，区域推动力度大的学校的家长参与学校治理的情况普遍优于其他区域。

因此，在现代学校治理架构下，教育行政部门，尤其是区域层面，应根据国家教育治理体系与治理能力现代化要求，积极探索在学区层面、集团层面、区域层面推动家长参与学校治理实践，如建设家长委员会、家长委员会联盟或者其他形式的家长委员会协作机构，切实保障家长委员会实现沟通学校与家庭、参与学校管理和教育教学工作、支持学校建设发展的基本职能；建立健全区域中小学教师培训制度，将教师家庭教育培训纳入中小学教师培训整体规划中，把家庭教育指导师资建设与培训工作纳入区域教育事业发展总体规划中，提升教师专业素养，等等。

四、给学校的建议

在现代学校治理视角下，家长作为治理结构中的重要主体，其各项治理权的发挥需要学校的支持，学校应从治理结构改革等方面，为家长参与学校治理提供支持与保障。

（一）优化学校治理结构，构建家长参与学校治理的制度体系

学校要重视家长参与学校治理的制度化建设。推动现代学校制度建设，需要不断完善家长参与学校治理的体制机制，在优化学校治理结构过程中，让家长更好地参与学校治理，促进学校教育高质量发展。

学校应构建家长参与学校治理体系包括家长参与学校决策机制、家长参与学校管理机制、

---

① 上海市浦东新区教育局. 构建全覆盖的区域家校社协同育人体系——上海市浦东新区"护航365"家庭教育指导品牌创建之路[J]. 现代教学，2024(3-4).

家长参与学校教育教学机制等。根据学校的实际情况，与家长共同协商家长可以参与的内容与参与方式，并达成共识。学校应该健全家长参与学校联系与沟通的路径，与家长建立互助合作的伙伴关系，与家长建立良性的互动与信任关系，学校应该建立对话平台，协助行政、教师、家长三方面的相互沟通、理解与合作。

（二）与家长建立伙伴关系，让家委会发挥正向作用

家委会是我国现行教育制度中学生家长参与学校教育事务的法定组织，家长参与学校治理通常通过家委会，因此家委会的组织功能与运作状况是影响家长参与学校治理的重要因素。因此，可以说，建设好与时代发展和学校办学特色相适应的家长委员会，是促进家长参与，推进现代学校制度建设的关键。学校应充分认识家委会的性质及其在学校治理中的主体地位。

首先，学校必须创新家校互动机制、拓展实践平台，最大程度给予家委会话语权。学校必须充分考虑到他们的参与局限，努力创造让家委会参与学校治理的各类条件，让家委会"有位""有为"。

其次，学校要把家长看作平等的合作伙伴，尊重家长作为学校治理主体的地位。学校教育者要把家长看作平等的合作伙伴，尊重家长的主体地位，尊重家长作为学校治理参与者的主体地位和人格尊严，不能以为自己是"专业工作者"，就居高临下地仅仅把家长当作教育对象和教师工作的助手或者"教育资源"，而是要把家长作为真正的"教育合伙人"。在学校规划与教育工作计划和活动内容安排上，要听取家长的意见，允许和欢迎家长进入学校了解、参与和评价学校教育工作；要和家长共同探讨教育方法，分享观点与经验，而不是仅仅告诉家长应该做什么和怎么做。学校更不能借家长（家委会）的名义规避各种质疑与风险。

再次，尊重"自愿原则"。学校不可不切实际地要求家长事事参与，各种活动的开展应由家长根据自身实际情况决定。

（三）承担起引领家长成长的责任，帮助家长树立正确的教育观念和教育方法

在现代学校治理视角下，家长不仅是孩子的养育者，也是孩子的教育者，还是学校治理的参与者。政府与学校应负起指导家长、促进家长成长的责任。学校要引导家长胜任家长角色，包括改善家长的教育行为、教育方法，增强家长的参与意识与能力等。

从实际来看，家长对于志愿者活动、家校沟通活动的参与率较高，而对于学校决策、学校管理、课程计划、评价与监督等方面参与较少。建议学校开设与家长参与相关的课程，为家长提供适合的引导、支持、帮助或指导，让家长实际了解学校行政运作、课程与教学的实施，尤其是教师教学与评价方式、学校活动以及学生活动，等等，培育家长正确的参与观念，并培养其多样的参与能力。

（四）鼓励与支持多样化校本研修，增强教师家庭教育工作能力

首先要转变教师封闭保守的教育观念。学校要通过各种途径让教师意识到家长参与学校治理是家长应有的权利，家长享有对学校教育教学活动的知情权、参与权、评价权和监督权。

同时也要让教师认识到,家长是学校教育的同盟军,家长参与学校事务管理和教育教学工作,有利于教师做到因材施教,提高工作成效。

其次,学校要开展校本研修实践,提升教师的专业能力。校本教研活动要突出"校本化",各校依据校情,利用教研组活动,以学校教育、教师家庭教育工作中存在的实际问题为切入口、着眼点,通过主题研讨活动、个案分析交流等多种形式,增强教师的家庭教育工作的自觉性和专业能力。

(五)加强"基于学校"的行动研究,深入开展家长参与学校治理的校本化探索

在当前教育资源还不充分、不平衡的条件下,家长对教育的诉求日益增长,学校面临的新问题不断涌现,更需要广大学校在实践中进行探索,不断创新,形成和积累成功经验。

各个学校由于学校办学特点以及师资、生源等因素的不同,因此家长参与学校治理的内容与方式也不同。另外,由于家长的教育程度、职业背景、社会身份不同,参与学校教育的能力、方式、途径也会不同。学校应根据自身实际情况,确定家长可以参与的内容,探索多样化的家长参与方式,注重家长培训工作,提升家长的家庭教育水平、增强其参与能力,力求使具有不同文化背景的家长均能参与到学校的各项事务中来,为家长参与学校教育提供方便可行的途径。

主要参考文献

一、著作类

1. B. A. 苏霍姆林斯基. 给教师的建议(修订版全一册)[M]. 杜殿坤,译. 北京:教育科学出版社,1984.

2. Berger E H, Riojas-Cortez M. 亲职教育与亲师合作:家庭、学校与社区[M]. 杨雅惠,等,译. 台北:华腾文化股份有限公司,2013.

3. R·爱德华·弗里曼. 战略管理:利益相关者方法[M]. 王彦华,梁豪,译. 上海:上海译文出版社,2006.

4. 冯大鸣. 西方六国政府学校关系变革[M]. 上海:上海教育出版社,2011.

5. 格雷恩·奥尔森. 家校关系:与家长和家庭成功合作[M]. 朱运致,译. 南京:南京师范大学出版社,2014.

6. 黄河清. 家校合作导论[M]. 上海:华东师范大学出版社,2008.

7. 杰夫·惠迪,萨莉·鲍尔,大卫·哈尔平. 教育中的放权与择校:学校、政府和市场[M]. 马忠虎,译. 北京:教育科学出版社,2003.

8. 联合国教科文组织国际教育发展委员会. 学会生存——教育世界的今天和明天[M]. 华东师范大学比较教育研究所,译. 北京:教育科学出版社,1996.

9. 刘静,李金瑞. 教师家庭教育指导实务(高中版)[M]. 上海:上海社会科学院出版社,2018.

10. 马忠虎. 基础教育新概念:家校合作[M]. 北京:教育科学出版社,1999.

11. 蒲蕊. 公共教育服务体制探索[M]. 武汉:武汉大学出版社,2015.

12. 乔伊斯·L. 爱普斯坦,等. 学校、家庭和社区合作伙伴:行动手册(第三版)[M]. 吴重涵,等,译. 南昌:江西教育出版社,2012.

13. 吴重涵,王梅雾,张俊. 家校合作:小学生家长行动手册[M]. 南昌:江西教育出版社,2014.

14. 郁琴芳. 家校合作50例:区域设计与学校智慧[M]. 上海:华东师范大学出版社,2018.

15. 约翰·克莱顿·托马斯. 公共决策中的公民参与[M]. 孙柏瑛,等,译. 北京:中国人民大学出版社,2014.

二、论文类

1. 边玉芳,周欣然.家校互动不良的原因分析与对策研究[J].中国教育学刊,2019(11).

2. 褚宏启.教育治理:以共治求善治[J].教育研究,2014(10).

3. 范逢春.国家治理现代化:逻辑意蕴、价值维度与实践向度[J].四川大学学报(哲学社会科学版),2014(4).

4. 范秀双.论学生家长参与学校教育的权利[J].教学与管理,2000(8).

5. 顾明远.试论教育现代化的基本特征[J].教育研究,2012(9).

6. 郭礼智,李小兰.论我国公共教育体系中的家长教育权利[J].教育探索,2007(11).

7. 洪明.改革开放以来我国家校合作事业的发展与反思[J].少年儿童研究,2020(4).

8. 蒋世萍,王菲.美国中小学家长参与学校教育的探索及启示[J].教育探索,2016(3).

9. 黎平辉,邓秀平.从个体伦理责任的践行到公民权利的苏醒与均衡——对社会转型期我国中小学家长参与学校教育的思考[J].当代教育科学,2012(22).

10. 刘来兵,张慕文.大数据时代教育治理现代化的内涵、愿景及体系构建[J].教育研究与实验,2017(2).

11. 刘世稳.关于学生家长参与学校教育的思考——中、美两国"家长参与"状况的对比和分析[J].外国教育研究,1999(2).

12. 刘小蕊,庞丽娟,沙莉.尊重家长权利,促进家长参与——来自美国学前教育法的启示[J].学前教育研究,2008(3).

13. 邱兴.家长参与学校管理的中外比较研究[J].外国中小学教育,2006(12).

14. 邱兴,邵英侠.现代学校制度与家长教育权利[J].四川教育学院学报,2006(1).

15. 吴重涵.从国际视野重新审视家校合作——《学校、家庭和社区合作伙伴:行动手册》中文版序[J].教育学术月刊,2013(1).

16. 辛向阳.推进国家治理体系和治理能力现代化的三个基本问题[J].理论探讨,2014(2).

17. 虞永平.幼儿园课程中的家长参与和家长发展[J].学前教育研究,2006(6).

18. 曾晓燕,蒋有慧.家长参与管理西方国家基础教育改革的新动向[J].江西教育科研,2000(5).

19. 张乐天.推进学校治理能力现代化:意义、重心与路径[J].复旦教育论坛,2014(6).

20. 赵玉如.中小学生家长参与学校教育:德国经验及启示[J].北京教育学院学报,2017(3).

21. 郑金洲.学校治理现代化:意义探寻与实践推进[J].河北师范大学学报(教育科学版),2021(1).

22. 朱桂梅,高静.美国家长教育权利的行使对我国家长教育权利的启示[J].东北师大学报(哲学社会科学版),2011(2).

后记

本书是在上海市教育科学研究项目"教育治理现代化视域下家长参与学校教育的实践研究"(项目编号:C18107)成果的基础上修改、补充而成的。在项目研究和本书写作过程中,笔者深切地感受到,家长参与学校治理是一个重要的、需要长期研究的课题,由这一母题牵引而出的一系列子问题更是涉及教育学、社会学以及其他多学科研究的不同领域,其涉及面之广、研究主题之多,以及对研究思路、研究方法要求之高,对于笔者来说都是一个巨大的考验与挑战。

目前,对于我国家长参与学校治理的研究在家长参与的合法性、合理性等核心问题方面,还没有在理念上达成共识。当实践深入到一定程度时,这些关键理论问题的不清晰就会影响实践推进的深度和有效性。希望本书的出版能丰富关于家长参与学校教育治理的研究内容,能够引发同仁对这一问题的进一步关注与思考,能够在实践层面对促进家长高质量参与学校治理有所启发。

受笔者研究能力的限制,本书尚有很多不足与缺憾,如对家长参与学校治理概念的界定还有待深化,理论假设还比较简单,尤其是对现代学校治理视角下家长参与学校的类型与模式的研究还不够深入。2022年,《中华人民共和国家庭教育促进法》正式实施,后续笔者将结合家庭教育促进法的贯彻落实,继续深化这一主题的研究,在理论研究和实务研究方面继续深入,尤其是在家长参与学校治理的可操作的路径方面能进一步深化,为推动家长作为治理主体参与学校实践提供科学的"可操作的理论"。

在本书付梓之际,衷心感谢为本书写作提供支持与帮助的学校和教师。共有上海市50余所中小学和幼儿园作为项目实验学校参与整个研究过程,为本书的写作提供了丰富的研究素材和实践案例。在此,感谢项目组所有学校以及相关老师对本研究的无私奉献和对笔者的热忱帮助。

最后,衷心感谢华东师范大学出版社的编辑老师,他们以认真、严谨的态度与无可挑剔的专业能力,为书稿的修改、编辑付出了巨大的辛劳,大大提升了本书的学术水平,在此一并感谢。

刘静

2024年3月1日